東大物理学者が教える「伝える力」の鍛え方

上田正仁

PHP文庫

○本表紙図柄＝ロゼッタ・ストーン（大英博物館蔵）
○本表紙デザイン＋紋章＝上田晃郷

文庫版まえがき

前著『東大物理学者が教える「考える力」の鍛え方』は、もともとは大学生のアカデミックスキルとして書いたものです。

ともすれば、生まれつきの才能と誤解されている「考える力」は、意識的な努力で着実に鍛えることができるということがメインメッセージでした。このような考え方は、幸いなことに学生だけでなく、ビジネスパーソンの方々にも広く共感していただきました。

本書『東大物理学者が教える「伝える力」の鍛え方』も同様な考えに基づいて執筆されています。用件を伝える、他人にアピールする、人を動かす、教育や子育ての現場などおよそ私たちの日常生活の中で、「伝える力」が必要とされない場面はありません。にもかかわらず、「考える力」と同様に、「伝える力」

も学校ではシステマティックな教育がなされていません。

本書はそのギャップを埋める一助になればという思いで執筆しました。表面的なテクニックやノウハウではなく、真に相手に伝えるためにはどうすればよいかということを、そもそも「伝える」ということはどういうことかという本質にさかのぼって議論した点に本書の特色があるのではないかと思います。

結論を言うと、「伝える力」は「考える力」の応用編です。両者の違いは、後者は自分ひとりでできる行為ですが、前者は相手がいないと成り立たないということです。それゆえに、「伝える力」を鍛えることは、相手の立場に思いを致すという、人が人間社会で生きていくうえで最も大切なことの一つを見つめ直すということにつながります。

この意味で、「考える力」と同様に、「伝える力」を鍛えることは、畢竟《ひっきょう》、人生をより深く生きるということにつながるものだと思います。

はじめに

私たちは普段、何気なく人と話すときには、目的をもたずに会話を楽しみます。一方、明確な目的をもって、話をしなければならない場合もあります。それが、何かを「伝える」という場面です。

何かを伝えなくてはいけない状況は、さまざまです。単なる事実を伝えればよい場合もあれば、込み入った事情を伝えなくてはならない場面もあります。成果を発表するためのプレゼンテーションの場面もあれば、就職の面接で自己をアピールしなければならない場面もあります。

大学では（そして最近では高校でも）、グループでディスカッションをする機会が増えています。そのような場面では、自分の考えを意見として伝えなければなりません。

研究や開発の場面では、輪郭すら明確になっていないアイデアを他人に伝えて、アイデアの本質を理解してもらわなければなりません。それがうまくできることは、創造的な議論をするうえで、死活的に重要なことなのです。

さらに、言いづらいことを伝えなければならない場合もあります。また、心を閉ざして聞く耳をもたない相手に対して、どうしても自分の考えを伝えなくてはならない場合もあります。逆に、自分では解決できない悩みを、人に伝えて理解してもらいたいときもあります。

このように、人生には「伝える力」が必要な場面にあふれています。にもかかわらず、そのためのスキルを学校で学べる機会はあまりありません。「考える」という行為は、自分ひとりで完結できますが、「伝える」という行為は、ひとりでは成立しません。当たり前のことですが、相手が必要なのです。

このため、独りよがりな伝え方では伝わらないのです。うまく伝えるためには、相手の理解度や置かれた状況をよく把握する必要があります。ここに、

「伝える」という行為のむずかしさ、奥深さがあります。

「伝える」とはどういうことなのか、うまく伝えるためにはどうすればよいのか、さらに、それをどう教えればよいのか――。

私は学生と接するなかで、このような問題意識をもつようになりました。よいアイデアをもっているのに、うまく伝えられないのはどうしてなのか、普段は生き生きとした会話ができるのに、ディスカッションになると、もっている力が十分に発揮できないのはどうしてなのか、また、それに対して、どのようなアドバイスができるのか。私自身、教育の現場で、長年、試行錯誤をくり返してきました。

その結果、「考える力」と同様に、「伝える力」も決して天賦《てんぷ》のものではなく、意識的な努力を続けることで、鍛えることができるということを確信するようになりました。そして、普段学生に伝えていることを体系的にまとめることによって、同じような問題や悩みをかかえている人たちの参考になればと思うようになりました。

さらに、このようなアカデミックスキルは、ビジネスの現場でも役立つと思うようになりました。こうした思いが、本書執筆の動機となっています。

本書では、「伝える力」を3つのレベルに分け、言いたいことを確実に伝えるためには、どういったことに注意しなければならないかを考察していきます。

「レベル1」では、「伝言力」をアップさせるための3原則について述べます。ここで述べることは、あらゆる「伝える力」の基本であると言っても過言ではありません。実は、伝言を正確、かつ簡潔に伝えることができれば、それだけでかなりのことは足りるのです。

「レベル2」では、伝えたいことを相手に聞いてもらうためには、どんな工夫が必要かについて議論します。伝えるために相手が必要である以上、「聞く気にさせる伝え方」ができるようになる必要があります。そのためには、伝え手のプレゼンテーションのスキルをアップするだけでなく、聞き手の力を借りることが、ぜひとも必要になってきます。そのために、どうすればよいかについて考察したいと思います。

「レベル3」では、単に伝えるだけではなく、その結果、相手が行動に移すようになるためにはどうすればよいかについて考えていきます。このような「人を動かす伝え方」が必要になる場面は、交渉の場であると言えます。相手が納得する伝え方ができるためには、相手の本音を理解するための「聞く力」、さらに、行きづまった状況を打開するための多元的なものの見方や、諦めない人間力が必要であるということについて述べたいと思います。

最終章では、これらすべての総合力が要求される「人を育てる伝え方」について議論したいと思います。意志や気持ちを伝えるだけでなく、その結果として、人が育つためには何が本質なのかを考察したいと思います。

本書執筆の直接の動機となった私自身の教育体験も、その目的は畢竟このことにあるわけです。ただ、この部分については、答えはまだ(おそらく永遠に)ないということを、あらかじめお伝えしなければなりません。あくまで、現時点での私の考えをお伝えできればと思います。

本書には、3分で身につくようなノウハウは書かれていません。表面的ではない、本当の意味での「伝える力」は、意識的な努力を積み重ねないと身につきません。逆に、努力し続けさえすれば、「伝える力」を鍛えることはできるのです。

私たちの日々の生活は、お互いの意志や気持ちを伝え合うことによって営まれています。仕事、子育て、教育、政治、国際関係……、考えてみれば、私たちにとって切実なことは、ほとんどすべて伝えるという行為なしには、成り立たないことがわかります。にもかかわらず、伝えるということがいったいどういうことなのか、そのためにはどうすればよいかという根本的なことが、学校で体系的に教えられることはほとんどありません。

これらのことを、一から考え、「伝える力」をよりよく生きるための糧《かて》としていただきたい。本書では、私たちが日ごろ直面するさまざまな場面における「伝える力」の鍛え方について、みなさんと一緒に考えていきたいと思います。

東大物理学者が教える「伝える力」の鍛え方◎目次

予講　「伝える力」とは何か

レベル1

「用事が足りる伝え方」を鍛える

――伝言力アップの3原則をマスターする

レベル2

「聞く気にさせる伝え方」を鍛える

——伝えたいメッセージを聞き手の力を借りて伝える

レベル3 「人を動かす伝え方」を鍛える――ゼロサムではなくウィン・ウィンであるために

予講

「伝える力」とは何か

誰もが「伝わらない」と悩んでいる

人は誰しも、伝わらないことに悩んでいる――。

そう思うことが、(自分自身のことも含めて) よくあります。学生も教員も、上司も部下も、親も子も、そして、友人、恋人、国どうしですら、「どうも、自分の考えがうまく伝わらない」と悩んでいます。

多くの学生が、「一生懸命プレゼンの準備をしても、なかなかうまく伝わらない」と悩んでいます。私自身も学生の発表練習を見ていて、「どうして自分でやった仕事の一番肝心なことが、うまく伝えられないのだろう」と感じることがあります。彼らにどんなアドバイスができるかと自問自答することは、教員としての私の思考活動のかなりの部分を占めています。

就職活動中の学生も悩んでいます。「筆記は通るけれど、面接で落ち続けて

▶みんな伝わらないと悩んでいる

さまざまな人が「伝わらない」と悩んでいる

います。なぜ自分のやる気はうまく伝わらないのか……」。このような就活生にありがちなパターンは、マニュアル本にある受け答えのパターンは完璧に暗記していても、それを自分の言葉で表現しないで型通りに話していたり、面接官の質問の意図を理解せずに、ピントはずれのことを答えている場合が多いのです。

つまり、面接官とのコミュニケーションが成立していないのです。

同様のことは、研究者のジョブ・インタビューにも当てはまります。よい研究をして業績もあるのに、面接で落ちてしまう人が少なくありません。彼らは、誇りが高く、自分のスタイルを頑として変えようとしないのですが、何度やってもうまくいかないと、最後には何かがおかしいと気づくようになります。そして、ようやくこちらの厳しいアドバイスにも、素直に耳を傾けるようになります。

その結果、面接にパスするということを何度も経験するうちに、「伝える力」の教育が、キャリア形成のうえでも、きわめて重要なことであると思うようになりました。

うまく伝わらないことで悩んでいるのは、若者だけではありません。部下をもつ上司の愚痴や苦労話は枚挙にいとまがありません。

「こっちは真剣になって話しているのに、『大声を出されるとモチベーションが下がる』とか言うんだ。大声を出さざるをえない状況だってことが、まるで伝わらない」。こういう場合、「昔とは時代が違う」というのが、「伝わらない」原因であると思われがちですが、昔と違うというのは、いつの時代にも当てはまることです。

同じ言葉であっても、その受け止め方は時代とともに変わります。このため、伝え手と聞き手の世代や育った環境が異なれば、同じ言葉が違った意味に解釈されることが起こるのです。

この例の場合、伝わらない本当の理由は、「真剣になって話している」行為が、相手がそれをどう受け止めるかを考えない一方的な伝え方だからです。ここでも、伝え手と受け手の間のコミュニケーションが成立していないのです。

一方、中高校生の子どもの受験を控えたお母さんは、「もうちょっと危機感をもったほうがいいよってずっと言い続けてるのに、全然伝わらなくて……」と嘆きます。小学生のときには伝わっていたのに、もっと道理をわきまえているはずの中高生には通じないのです。この場合、言っている言葉の意味は伝わっていても、それが実際の子どもの行動にはつながらないのです。つまり、子どもが納得する、心に響く伝え方ができていないのです。

人はみな、それぞれ、相手に伝えたいことがあります。にもかかわらず、伝わらない。年齢や地位、立場とは関係なく、人は誰でも、伝わらないことに悩む宿命にあるのです。

その一方で、世の中には「伝え方の達人」と呼ばれる人たちがいます。むずかしい事柄も、その人が説明すると、本質が手に取るようにわかるのです。メディアにしばしば登場する著名な解説者を見ていると、伝える力には、何か特別な才能が必要であるとさえ思えてきます。

プレゼンの天才、ジョブズをマネれば伝わるのか

たとえば、プレゼンテーション。終わったときに拍手が起き、聴衆が感動に包まれるようなプレゼンができれば、素晴らしいですね。

プレゼンの天才としてまず思い浮かぶのは、スティーブ・ジョブズでしょう。

マックブック・エアを発表したときには、書類用の封筒からパソコンを取り

出して見せ、その薄さで聴衆をわかせました。このようなはっとするプレゼンで、人の心をわしづかみにするクライマックスの作り方が、ジョブズは実にうまかった。選び抜かれた言葉、それを話す声の抑揚や間《ま》の取り方、身振りや視線に至るまで、考え抜かれたものでした。

黒ずくめの服装で、ステージを横に歩いていったかと思うと、ぱっと立ち止まって、聴衆とアイコンタクト。そして、ひと言、短いキーワードを言う。それに合わせて、スクリーンに短いキーメッセージが映し出されます。聴衆は思わず惹き込まれ、会場全体が一体感に包まれます。その結果、ジョブズが伝えたいメッセージが、じかに聴衆に伝わるのです。

でも、待ってください。もしあなたが黒いシャツを着て、同じようなキレのあるキーワードをパワーポイントに仕込み、それを見せながらリラックスした口調で語りかけたら、みんなはあなたの商品を買ってくれるでしょうか？

答えは、NOなのです。なぜなら、**「伝える力」は、物マネではなく、その人の人柄がにじみ出る伝え方をしたときに、その威力が発揮される**ものだからです。これが、「伝える力」の最も重要なポイントであり、また、むずかしさでもあるのです。

ジョブズのプレゼンは、世間が抱くスティーブ・ジョブズという人物像と表裏一体だったからこそ、あれほど心に訴えるインパクトをもちえたのです。特に、晩年の彼は、どんどんやつれていった容貌や、目の表情までがあいまって、独特のオーラを醸《かも》し出し、聴衆の心に強く訴えかけるメッセージを伝えていました。

ジョブズの人格がにじみ出たプレゼン、そこに、ジョブズの人生が投影されていたからこそ、心が震えるほどの感動を聴衆の心に呼び起こすことができたのだと思います。ですから、ジョブズのプレゼンに感動したのならなおさら、それをそのままマネしてはいけないのです。また、その必要もないのです。

「伝える力」の基本とは？

実は、「伝える力」にとって、雄弁さは必須の要素ではないのです。それよりも、**何を伝えるべきかを立ち止まって考えること、相手の立場に立って考えること、そしてそれをあなた自身の言葉で伝えることのほうがはるかに大切なのです。**

たとえ同じ言葉であっても、人はその人の立場や前提知識に則った解釈をするものです。ところが、赤ちゃんに対して、大人の言葉で話しかけても伝わらないということはわかっていても、大人に対しては、自分の言ったことが思った通りに伝わるはずだと思ってしまう……。このような思い込みは、単に伝わらないだけでなく、ときには誤解や争いのもとにすらなりかねません。ですから、伝える前に何を伝えるべきか、それをどう伝えるべきかを、相手の立場に立って考える必要があるのです。

また、自分の言葉で伝えないと、聞いた人は違和感を感じてしまいます。たとえどんなに理路整然と話しても、それがあなたらしい伝え方でなければ、機械的に聞こえてしまい、相手の心にメッセージが届かないからです。どんなによく練られた原稿であっても、それを棒読みしてはいけないのはこのためです。

では、あなたらしく伝えるためには、どうすればよいでしょうか。

そのためには、基礎的なトレーニングを積む必要があります。スポーツと同じで、普段から訓練してしっかりとした基礎力を身につけてこそ、とっさの場合にも、自分らしい自然なプレゼンテーションができるようになるのです。

私は学生のプレゼンテーションを指導することを通じて、**「伝える力」を鍛えるために必要なのは、もって生まれた才能やオーラのようなものではなく、「自分は相手に何を伝えたいか」をきちんと見極め、それを言葉に表現するといった、地道な基礎トレーニングの積み重ね**だと確信するようになりました。

▶「伝える力」の基礎とは？

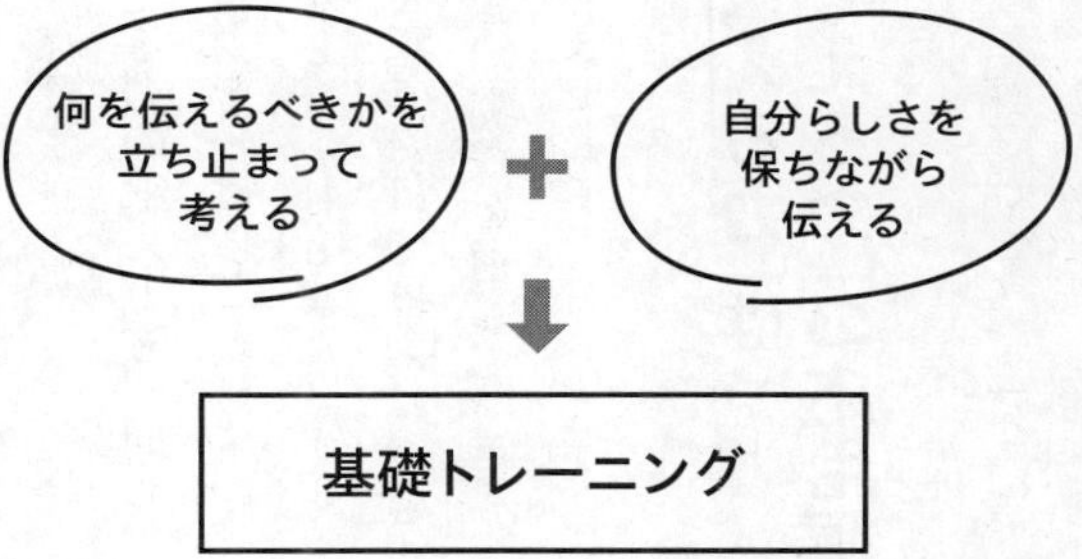

「自分は相手に何を伝えたいのか」を見極める

基礎トレーニングにまじめに取り組めば、誰でも「伝える力」を鍛えることができるのです。話し上手だとか、口下手だとかは関係ありません。「伝える力」にとっては、それよりも意識的な訓練の積み重ねの成果のほうが、はるかに大きなウエイトを占めるのです。

超一流のスポーツ選手の中には、若いころはそれほど目立たない、決してトップとは言えない選手だったという例が数多くあることはご存じでしょうか。彼らに共通しているのは、現在の自分に足りないものが何かを明確に自覚して、それを克服するための意識的なトレーニングを、継続的に行っているという点です。

伝える力の鍛え方も、同じです。本書で述べるポイントを意識しつつ、継続的な努力を続けることによって、伝える力は着実に向上します。

しかし、これもまたスポーツと同じように、マニュアル本を見て、「なるほど」と思うだけでは力はつきません。実際に体を動かし（この場合は、頭を働かせて）、実践を通じて、自分に合った伝え方を身につける努力を続けなくてはなりません。

「伝える力」は「考える力」の応用編

ここで、「伝える」ことと、「考える」こととの関係について考えてみましょう。

▶「考える」ことと「伝える」ことの違い

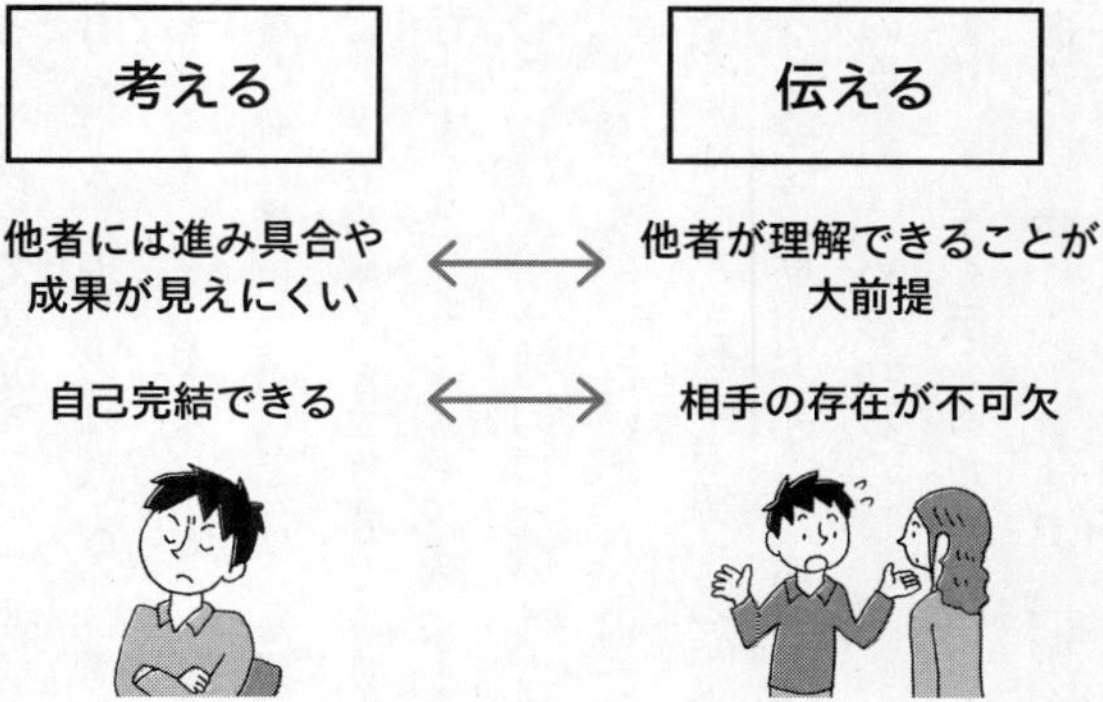

「考える」という行為は、他者にとっては進み具合や成果が見えづらいものです。これとは対照的に、「伝える」という行為は、伝えたい内容が他者によく理解されることが目的です。

　また、「考える」という行為は、自分ひとりでできるという意味で自己完結していますが、「伝える」という行為は、相手が存在しないと成立しません。これが、「考える」ことと、「伝える」ことの根本的な違いです。

　コミュニケーションは、伝えたいメッセージが何かを明確に意識し、それを相手が置かれている状況を考えながら伝え

ることで、初めて成立するのです。

拙著『東大物理学者が教える「考える力」の鍛え方』で述べたように、人は何かわからないことがあるということは意識していても、「何がわからない」のかを明確に理解することは、意外にむずかしいものです。創造的な仕事をする人は、問題を解くことが得意な人というよりも、人が気づかないところに問題が存在するということを認識できる人なのです。

同じことは、伝える力についても言えます。自分の考えをうまく伝えるためには、そもそも伝えたいことが何なのかを、明確に意識する必要があります。「伝えたいことを明確に意識する」ためには、「何がわからないかわからない」という状態を「何がわからないかをはっきりと認識する」ようになることと、同様の作業が求められるのです。

つまり、**うまく伝えるためには、あらかじめ自分の頭の中を整理しておく必要がある**のです。この意味で、「伝える力」は「考える力」の応用編と言ってよいかもしれません。

ところが、一般には「伝える」ことは「考える」ことよりも、ずっと簡単なことだと思われているのではないでしょうか。「思ったことを素直に言えばいいんだ」とか、「苦手意識を捨てさえすればうまくいく」といったアドバイスを耳にするのも、そんな前提意識があるからでしょう。

しかし、実際にはそれではうまく伝わらない。思ったことを素直に話してうまく伝わらないから悩み、また、それだからこそ苦手意識が生まれるのです。

そう思っている人がたくさんいるから、世の中には、プレゼンや話し方など、コミュニケーションの技術を磨く講座や本であふれているのでしょう。

本書の目的は、そのようなノウハウを伝授することではなく、「伝える力」とはいったい何なのかを根本から考え直し、「伝える力」を段階を追って鍛えるためにはどんな工夫をすればよいのかを、議論することにあります。

「伝える力」には3段階のレベルがある

「伝える」とひと言でいっても、現実社会でそれがどう実行されるかは、実にさまざまです。伝えたい相手との関係も、伝えたい内容も多岐にわたっているからです。

本書では、「伝える力」を次の3つのレベルに大別して議論します。

・レベル1……「用事が足りる伝え方」(伝言など、マニュアル通りに伝えられるレベル)
・レベル2……「聞く気にさせる伝え方」(プレゼンテーション、意志表示など、考える力が必要なレベル)
・レベル3……「人を動かす伝え方」(交渉など、創造力が必要なレベル)

▶「伝える力」の3段階のレベル

レベル1
用事が足りる伝え方 ▶ **マニュアル通りに伝えられるレベル**
（事実・用件・伝言を伝える）

↓

レベル2
聞く気にさせる伝え方 ▶ **考える力が必要なレベル**
（プレゼンテーション、意志表示など）

↓

レベル3
人を動かす伝え方 ▶ **創造力が必要なレベル**
（交渉など）

そして、最後に、レベルでは測れない永遠の課題として、「人を育てる伝え方」（教育、子育て、部下の指導などの参考として）について考えていきます。

「レベル1」は、さらに「事実を伝える」「用件を伝える」「伝言を伝える」の3つのステップに分かれています。

「レベル1」は「伝える力」の基礎であり、この部分をマスターするだけで、たいていのことは足りるようになります。あらゆる分野における基礎トレーニングと同様に、この部分は、マニュアル通りにしっかりと訓練を積み重ねることによって、着実に力がつきます。

実は、簡潔かつ正確に、伝言が伝えられる人は多くありません。逆に言えば、この「レベル1」の段階をクリアするだけで、あなたの伝える力は、相当なレベルに達することができるのです。

「伝わらない」という悩みをもっている方は、まず「レベル1」をじっくり読み、普段あまり気に留めることのない自分自身の「伝言力」を振り返り、ここに書かれていることを実践してみてください。特に、**「用件の幹と枝葉を区別し、幹から話す」ことを心がけるだけで、伝わり方がぐっとアップします。**

「レベル2」では、一歩進んで、プレゼンテーションや意志表示をする場合にどうすればよいかを考えます。

ここでは「レベル1」で学んだ基礎のうえに立って、プレゼンテーションや意志表示に必要な要素を考えながら、工夫を積み重ねる必要が出てきます。伝言とは異なり、プレゼンテーションや意志表示は、伝える内容自体が複雑な構造をもっているためです。

そのような複雑な内容を相手に伝えるためには、一方的に伝えるだけではだめで、**「聞き手の力を借りて」「聞く気にさせて」伝えることが重要**です。そのためには、マニュアル力だけでは不十分であり、そのためにどうすればよいかを「考える力」が必要になってきます。

「レベル3」では、さらに高度な交渉など、インタラクティブな話し合いが必要な場面を想定して議論します。ここで必要なのは、相手が望むこと（本心）をしっかり把握し、それとこちらが望むことをはかりにかけながら、交渉の落としどころを見極めることです。

交渉ごとで認識すべきことは、お互いの要求がしばしば対立するために、最初から決まった「答え」は存在しないということです。主張をぶつけ合うだけでは、交渉を妥結に導くことはできません。相手との交渉の過程で、交渉のはじめにはお互い予期していなかった、よりよい合意点が見出されるような、広い視野に立った思考が要求されるのです。そのためには、**答えのなかったとこ**

ろに答えを作り出す「創造力」が必要になってきます。

このように、「伝える力」の3段階のレベルは、『「考える力」の鍛え方』で述べた、「マニュアル力」「考える力」「創造力」にそれぞれ対応していると言えます。

レベル1で「伝言力」という基礎をしっかりと固めることができれば、難易度の高いレベルにも、段階を追って進むことができます。勉強、就活、仕事のさまざまな場面で、プレゼンテーション力や交渉力をアップしたいと思っている方は、レベル2とレベル3の章で述べる事柄を、自分に合った「伝える力」を鍛えるヒントにしてもらえれば幸いです。

自分に合った伝え方を考えるとは、人としての真実味を失わない伝え方とは何かを考えることでもあります。そのことは、自分はいったい何者で、何を目指して生きているのかを考えることにも通じます。自分の気持ちや意志を伝えようと意識的に訓練する過程で、努力したにもかかわらず、思った通りに伝わらなくて、落胆することもあると思います。

そのようなときに大切なのは、決して諦めずに、伝わらなかった原因を冷静に分析することです。なぜ、自分の思いが伝わらなかったのか、そこに自分自身の身勝手な思い込みがなかったのかを自省し、相手だけでなく、自分自身を相手の立場に立って理解する必要があるのです。

この意味で、「伝え方」について考えることは、**人との関係において自分の存在を見つめ直すことにもつながります。**

「伝える力」の最後は人間力

まったく同じことを言っても、伝える人によって、伝わり方に天と地の差が生じます。そこが「伝える」ことのむずかしさであり、奥深さでもあります。

このことを認識しないで単純明快に思った通りのことを口にすると、伝わらないばかりか、大きな失敗にもつながりかねません。

この点で、「伝え方」が最もむずかしい現場が、子育てだと言えるでしょう。親が子に何かを伝えようとして、きちんと伝わることはめったにありません。伝わっていると思っていても、子どもにしてみれば「うるさいから黙って聞いているだけ」という場合が、意外に多いのです。こと、子育てに関しては、悩みのない親はいないのではないかと思います。

子を思いながら、それが伝わらないときの親の悩み、切なさ、情けなさは、ほかのケースとは比べものにならないくらい大きいものです。仕事場では理路整然と素晴らしいプレゼンができても、家庭内では子どもとの会話すら成立しない、そんな状況は決して珍しくはないのです。

たぶんそれは、子どもが親の最も身近な、そして、ごまかしのきかない観察者だからなのかもしれません。子どもは親という人間の本質を見抜いているから、真実味のない生半可な伝え方ではダメなのです。親もまた、相手（子ども）の立場に立って話さなくては、子どもには表面的にしか伝わらないのだと思います。ここには、伝えることの奥深さ、永遠の課題が凝縮されているように思えます。

本書の最後では、「人を育てる伝え方」と題して教育と子育てに関する私見を述べますが、これらは本来、「レベル」で測れる類《たぐい》のものではありません。なぜなら、教育や子育てに正解はなく、それぞれの人がその人独自の道を開拓するしかないからです。

この予講では、「伝える力」とは何かについて考えてきました。よりよく伝えるためには、自分の考えを整理し、伝えたい相手を知り、自分と相手の関係性を理解する必要があるのです。

このように、**「伝える力」を鍛えることは、ただ一つの正解を目指すスキルを学ぶことではなく、自分自身を見つめ直し、相手の立場に思いをはせる「人間力」を養うこと**なのだと思います。

レベル1

「用事が足りる伝え方」を鍛える

——伝言力アップの3原則をマスターする

では、「伝える力」を鍛える方法について考えていきましょう。

何かを伝える場面で最も多いのは、用事を伝える場合です。そこで、まず最初に、「用事が足りる伝え方」について考えてみます。

そのための第一歩は、「伝言力」を身につけることです。伝言なんて、誰にでもできることだと思っていませんか。でも、これが意外にむずかしいのです。

予講でも述べたように、「伝言力」は、各レベルにおけるすべての「伝える力」の基礎となる重要なスキルです。きちんと伝言が伝えられるようになるためには、次の3つの要素を段階的にクリアしていく必要があります。

（1）事実を伝える
（2）用件を伝える
（3）伝言を伝える

それぞれの場合について、具体的な例を取り上げて違いを見ていきましょう。

事実と用件の違いとは?

まず、(1)の「事実を伝える」場合です。

これは、公の書類に書くような、裏付けがとれる、別な解釈の余地がない事実を伝えることを言います。エントリーシートや病院の問診票に記入事項を書いたり、辞書に載っているような事柄と考えればよいでしょう。

「私は静岡市に住んでいます」

「今朝の体温は36・2度でした」

「神奈川県の県庁所在地は横浜市です」

これなら、伝え方に苦労することはありません。事実をそのまま伝えればよいからです。

しかし、(2)の「用件を伝える」ステップになると、とたんに「伝わらなくて困った」とか、「間違って伝わってしまった」という問題が発生するようになります。

なぜ、このようなことが起きるのでしょうか。それは、用件を伝える「他者」がそれをさまざまに解釈する余地が生じてしまうからです。

「用件」という言葉は、カバーする領域が広い言葉で、依頼、命令、謝罪、苦情、勧誘、釈明、説明、報告、伝達……など、これらすべてが用件に含まれます。実にさまざまな状況で、さまざまな用件が発生します。

しかし、すべての用件に共通しているのは、「相手に意図が正しく伝わって初めて、目的が達成される」という点です。**単なる事実とは異なり、用件は解釈の余地が生じる可能性があるために、適切に伝えないと誤解される恐れがあるのです。**

そこで、留守番電話を例にとって考えてみましょう。

▶「用件」をどのように伝えるか

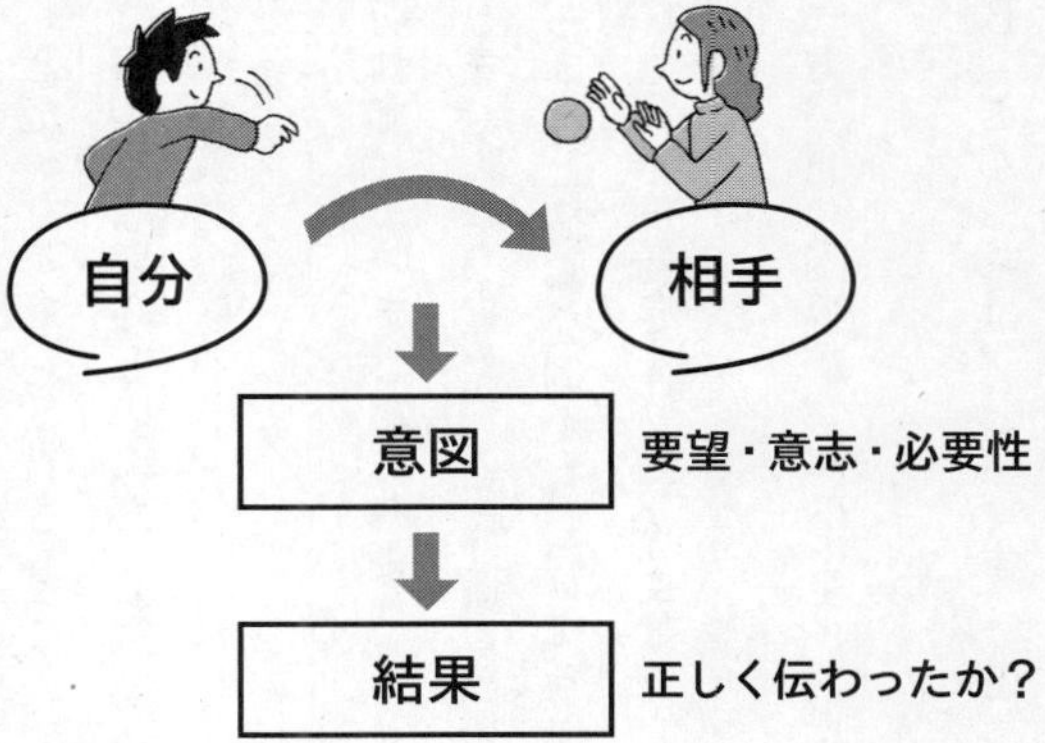

留守電を残すのは、伝えるべき用件があるからです。世の中には非常に簡潔で、わかりやすい留守録を残す人もいれば、要領を得ず、聞き直さなければならない留守録を残す人もいます。

たとえば、同僚にあてたこんな留守電です。

A「もしもし、お疲れさまです。今日A社のTさんが来て、Yさんが辞めたからその業務も彼が引き継いだんだって言ってました。で、Yさんが前にもってきたっていう、企画書のことなんだけど、そのことをTさんと話してたら、部長が横で聞いてて、見てみたいってことだったんで、S君ももっているかなと思って聞いてみたんだけど、彼はもってないらしいんだよね。で、もし君がまだもってたら、ちょうど明日が会議だから……」

切れてしまいました。あまりだらだら録音していると、時間切れで用件が伝わりません（ちなみに、留守番電話の録音時間は、たいてい30秒程度です）。これはちょっと極端な例かもしれませんが、こういう人はたまにいます。この場合、もう一度続きを吹き込まなくてはなりません。聞く側にとってもひと苦労です。

一方、同じ内容が、次のように留守録に残してあったらどうでしょう。

B「こんにちは、◎◎です。前に話してくれた、A社のYさんの企画書をまだおもちなら、明日の会議にもってきてくれませんか。部長が見たいとおっしゃっているので。よろしくお願いします」

とても簡潔で、わかりやすいですね。同じ用件が、短時間で的確に伝わっています。

なぜわかりやすいかというと、Bさんは次のような伝言力アップの3原則を守っているからです。

伝言力アップの3原則

伝言を確実に伝えるために、気をつけなくてはならないことは次の3つです。

①伝える前に、「何を伝えるべきか」立ち止まって考える

②結論から先に言う
③余計なことを言わない

「あの人、何を言っているのかわからない」と言われてしまう人はたいてい、①をせずに話し始めます。

用件を伝えるうえで一番大事なのは、重要なことと、重要でないことをごちゃまぜにしないことです。でも、実際には、Aさんのように伝えるべき用件を考えることなく話を切り出し、長々と話す人は多いのです。

長々と話すと、話した内容が聞き手の記憶から消えていってしまいます。**用件を伝えるときには、簡潔に、そして、大切なことから伝えることが大切**です。そうすれば、余計なことを言わないですむため、話は自然に短くすみます。

さらに、人がメモなしで記憶できる時間と量には限りがあり、あまり長く話されると、最初に話されたことを忘れてしまいます。記憶が消滅する時間は、

▶伝言力アップの３原則

1 「何を伝えるべきか」立ち止まって考える

2 結論から先に言う

3 余計なことを言わない

およそ20秒くらいと言われています。したがって、それよりも長い時間話すと、話のはじめに聞いたことを忘れてしまうのです。

先の例で言えば、伝えるべき用件は、「A社の企画書を明日の会議にもってきてくれ」ということでした。それを見極めて、最優先に伝えればよいのです。Bさんはそれを実行しています。

肝心なことを最初に言えば、聞き手も注意して聞いてくれ、用件が伝わらない心配もありません。そのためには、話す前にちょっと立ち止まって、何を伝えるべきかを考える。これは、今すぐに実行できることですね。そうすることで、「伝わる力」がグッとアップするのです。

これが、伝言力アップの第1の原則です。

具体的には、どんな単純な用件を伝えるときでも、用件を伝える前には意識して、頭の中で「今、伝えなくてはならないことは何だろう?」と自問してみてください。簡単だと思う内容でも、いざ言葉に出してみると迷ってしまうものです。

逆に、話し出す前に立ち止まって考えることで、伝えたい内容がしっかりとイメージできていると、言葉も自然に出てきます。

用件の要点をあらかじめメモしておくことも、頭の整理に役立ちます。何をどんな順序で伝えればよいかを考えて、その要点をメモ書きしておくのです。

こうすることで、伝えたいことを漏れなく整理した形で、相手に伝えることができます。また、伝えたい内容を意識しながら話せるので、意図が伝わりやすいのです。さらに、余計な話をさしはさまずにすむので、用件を簡潔に伝えることができます。

▶「何を伝えるべきか」を考える

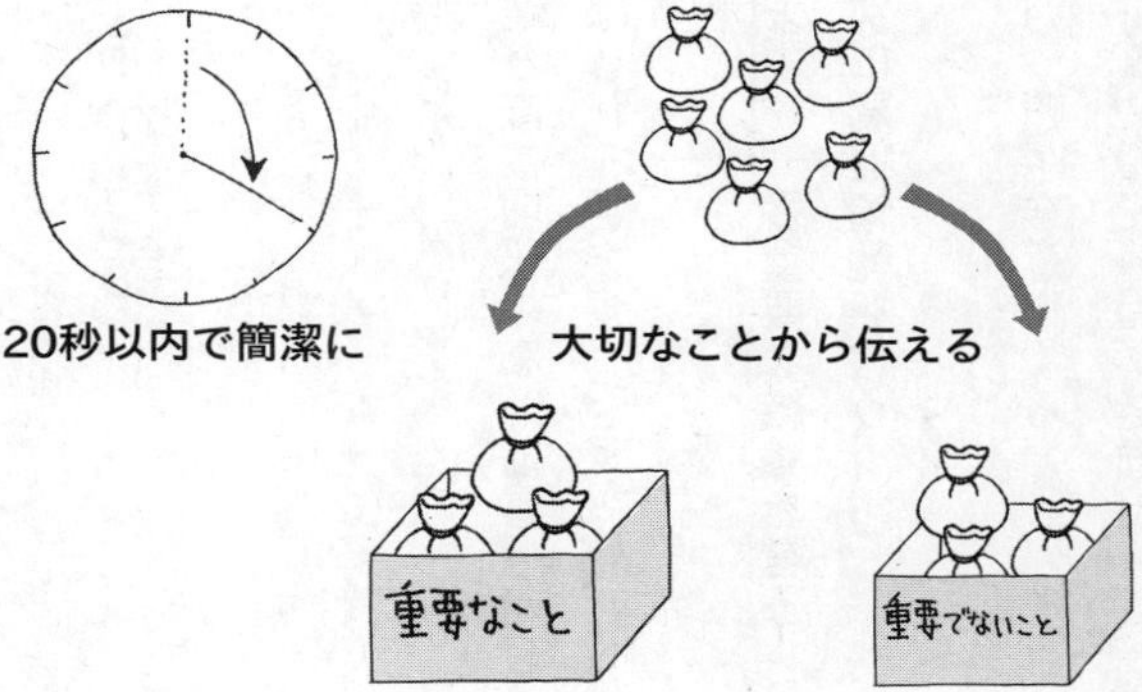

「最優先に伝えるべきことは何か」を普段から意識するように努めていると、話し方だけでなく、聞き方も上達してきます。その理由は、自分の話の要点を常に意識していると、相手の話の要点は何かを考えながら聞けるようになるからです。

話の要点を聞き取る技術が向上することは、伝え方が上達することと同じぐらい役に立つはずです。

結論から話す

つい、話が長くなってしまうという人は、伝言力アップの第2の原則である「結論から先に言う」を、ぜひ心がけてほしいと思います。

本題と直接関係のない前置きが長くなり、結論がなかなか出てこないと、聞き手はじれてきます。ですから、話が長くなりがちな人はなおさら、普段から、

①まず、一番重要な結論を言う
②次に関連情報を言う

という順序を意識するとよいでしょう。

留守電ではそうはいきませんが、普通に会話しているときなら、わからない

こと、聞きたいことがあれば相手が質問してくれます。

必要があれば向こうから尋ねてくれますから、最初から説明しすぎて話をごちゃごちゃにすることはありません。また、相手は自分が聞きたい情報に関することを聞いてくるので、それに答えることで相手の満足感も高くなるのです。

結論は、こちらが最も伝えたいことであるだけでなく、相手が最も聞きたいことでもあるので、それを最初に話すことで、聞き手の関心がぐっと高まるのです。そして、最も大切なことを最初に聞くことで、「なぜそのような結論になったのだろうか」とか、「それならば、どんなことをしなければならないか」などと聞き手の思考が進み、さらに、どんな情報を聞き出すべきかが自然とわかるので、会話に無駄がなくなるのです。

このことは、あとに述べる「聞き手の力を借りて伝える」という伝える力の極意の基礎にもなります。

話の「幹」のみ伝え、「枝葉」を切り捨てる

次に、伝言力アップの第3の原則である「余計なことを言わない」について考えてみましょう。

Aさんの話が長いのは、必要のない情報がたくさんまじっているからです。「今日、A社のTさんが来た」「Yさんが辞めたので、その業務もTさんが引き継いだ」などの情報は、用件とは直接関係がありません。何も考えないで話し始めると、ついそういうことも話してしまいます。

しかし、聞き手は、今話されていることが重要なことなのか、余計な情報なのかがとっさには判断できないので、話される内容のすべてに注意を払わなければなりません。その結果、意識が分散し、最も大切なことを聞き逃《のが》してしまう恐れが生じるのです。

▶余計なことを言わないために

話の「幹」はどれで、「枝葉」はどれかを整理する

聞き逃すだけでなく、用件が間違って伝わることもあります。なぜなら、聞き手の心理状態や、何に関心があるかによって、余計な情報のほうが強く印象に残ることがあるからです。**余計な情報は無駄なだけでなく、大切な情報を覆い隠してしまう**のです。

Aさんの留守電には、Tさん、Yさん、部長、S君などと人の名前がたくさん出てくるので、そのたびに「この人がどう関係しているのだろうか」と聞き手の注意が分散してしまいます。

ですから、**何かを伝えるときには「この話の幹はどれで、枝葉はどれだ**

ろう」と自問して整理することが肝心です。

留守電Aのケースで最初に述べているのは、「事情・状況」ばかりです。これらはすべて枝葉ですから、カットしてもよいのです。幹をしっかり伝えることができれば、枝葉を飾るのが苦手でもまったく問題はありません。幹が伝えられるならば、口下手でもいいのです。

ここで、注意しないといけないことは、何が幹であるかは相手によって変わりうるということです。

たとえば、先の留守電は知っている者どうしのものです。しかし、会ったことがない人の電話にメッセージを残すこともあるでしょう。そのときには、次のような切り出し方になります。

「初めまして、◎◎さんから連絡先をうかがってお電話さし上げました、〇〇社の△△と申します」

これは、枝葉ではありません。初対面の相手に電話をするときは、「私は怪しい者ではありません」と伝えられなければ用件を聞いてもらえませんから、自己紹介もまた、幹の一部になります。

このように、**用件を伝えるときには、相手によって幹が変わってくることに注意**しましょう。用件の内容を見定めるだけでなく、相手との関係性を考慮して、自己紹介といった幹を付け加える必要が出てくるのです。

こうした追加の作業が必要なために、余計なことをさしはさんでしまうと、大切な幹が伝わらなくなってしまいます。余計なことを言わないことは、このためにも必要なのです。

伝言が伝わらないわけ

次に、(3)の「伝言を伝える」場合について考えてみましょう。

伝言は、他人のメッセージを第三者に伝える行為です。他人の話の幹を理解して、それを別な人に伝えなければならないので、それだけ難易度が上がります。

たとえば、会社で、留守中にかかってきた電話の内容を伝える状況を考えてみましょう。

「◎ですが、Aさんはいらっしゃいますか？」

「ただいま不在です。お急ぎでしたら携帯番号をお教えします」

「いえ、急ぎではないので結構です。それでは、メールを送ったので、見てくださいとお伝えください。戻られましたら、電話をいただけると助かります。よろしくお願いします」

「わかりました。失礼いたします」

この電話内容を、BさんとCさんの２人が伝言する状況を考えてみましょう。

まず、Bさんの例です。

B「今日、Aさんが出かけたすぐあと、5時半ぐらいに、◎さんから電話がありまして、急ぎだったら携帯番号を教えましょうかって言ったんですけど、急いでないからいいですっておっしゃって、電話くださいって言ってました。あと、メール送りましたので、『よろしくー』って言ってました。あいかわらず元気そうでしたよ」

この伝言を、聞き手がどう受け取るかを考えてみましょう。(　)の中は、聞き手の胸の内と考えてください。


「今日、Aさんが出かけたすぐあと、5時半ぐらいに」

(え、何があったんだ)

「◎さんから電話がありまして」

(なんだ電話か。◎さんなら、たぶんあの案件だろうな)

「急ぎだったら携帯番号を教えましょうかって言ったんですけど」

（急いでる感じだったのかな？　そんなに焦る案件でもないはずだけど……）

「急いでないからいいですっておっしゃって、電話くださいって言ってました」

（なんだ、よかったのか。まあ、時間は十分あるんだから、当然だけど）

「あと、メール送りましたので、『よろしくー』って言ってました」

（了解）

「あいかわらず元気そうでしたよ」

（そうだろうな、彼はいつもそうだもんな。メール見りゃいいんだな。えーと、それで、あとは何だっけ？）


このように、Bさんの伝言では、結局、何をすればよいのかが、聞き手に明確に伝わらない可能性があります。

では、次にCさんの例を見てみましょう。

C「◎さんからお電話がありまして、メールを確認のうえ、電話が欲しいそうです」

このとき、聞き手は次のように思うでしょう。

「◎さんからお電話がありまして」
（◎さんなら、たぶんあの案件だろうな）
「メールを確認のうえ、電話が欲しいそうです」
（了解！）

問題なく伝わっていますね。

伝言力には「聞く力」が必須である

伝言力に必要なのは、第一に「聞く力」、すなわち、相手の言っていることを理解する力です。

伝言は用件と違い、自分が仲介者になるので、用件の幹が何であるのかが、あらかじめわかっているわけではありません。**幹は自分の中にはないので、相手の言葉にしっかりと耳を傾け、話の幹を理解する必要があります。**

誰もがいつも明確に話をしてくれるとはかぎりません。企業のトップですら、長々とわかりづらい話し方をする人はいます。けれども、仲介者はそれを理解しなくては伝えられません。

Cさんは、この電話の内容をよく聞いて、伝えるべき幹は「メールを見てください」「電話してください」の2つであると理解しました。それを意識して、

▶伝言力には「聞く力」が必要

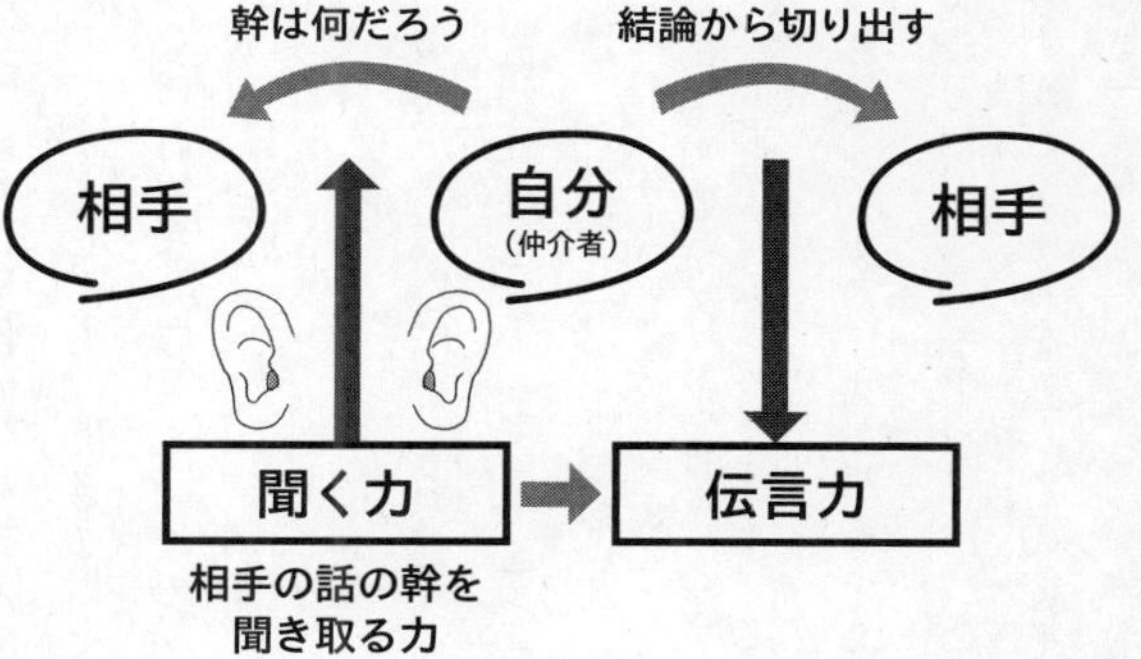

ほかのことは切り捨てています。

しかしBさんは、「Aさんが出たあと、5時半ぐらいかな」と、電話が来たときの状況から話を切り出しています。Aさんの姿を見たとたん、「そうそう、電話のことを伝えなくちゃ」と思って、記憶を巻き戻したわけです。

Bさんに欠けているのは、相手の用件の中身を把握してから伝えようという意識です。

その意識がないために、あったことを時系列順にすべて報告していきますが、話が長いので、聞き手はずっとそれにつきあって耳を傾けなくてはなりません。つまり、用件の幹を把握するという作業を、聞き手にゆだねてしまっているのです。しかも、聞き手はそれを直接ではなく、仲介者を通じて間接的に聞かなければなりません。その結果、いろいろな情報を伝えられて右往左往したあげくに、肝心なところが印象に残らず、要領を得ない状況に置かれてしまうのです。

もちろん、Bさんにも「ちゃんと伝えたい」という気持ちはあるのです。だから、言われたこと、あったことをこと細かに報告したわけです。Bさんは「ちゃんと伝える」の「ちゃんと」の意味を、「あったことすべて」と考えているのかもしれません。しかし、「ちゃんと」とは、「要点を押さえて」であって、「逐一」ではないのです。

この場合、どうすればよかったのでしょうか。伝言力アップの3原則にしたがってやり直してみましょう。

「◎さんが、メールを送ったのでそれを見てください、電話もくださいということです」

と切り出して、そのあとに、

「携帯番号をお教えしましょうかって言ったんですけど、必要ないということでした」

「よろしくとおっしゃっていましたよ。お元気そうでした」

と伝えれば、相手が「で、どうすればいいの？」とやきもきすることもありません。

このように、**結論から切り出して、必要に応じて枝葉を付け加えると、要点を漏らすことなく伝言を伝えることができます**。それでもなお、わからないこと、聞きたいことがあれば相手が質問してくれるので、それに答えればよいのです。

伝言ゲームのからくり

このように、「用件を伝える」ことと、「伝言を伝える」ことの一番大きな違いは、後者の場合は「他者の話を聞いて、その幹を理解したうえで、それを第三者に伝えなければならない」という点にあります。

伝言のむずかしさは、同じ言葉であっても、聞き手によって理解の仕方がさまざまであること。言い換えれば、「聞いた情報の中で、何を幹と思うか」が、人によって違ってくるという点にあります。

人は、聞きたいと自分が予期していることを、選択的に聞く傾向があります。かなり恣意《しい》的に、自分が聞きたいと思う内容を「拾う」のです。耳から入る音声が同じにもかかわらず、それをどう解釈するかは聞き手により千差万別だというと、意外に思う人も多いかもしれません。

しかし、人の話を話し手の意図通りに聞くのは、結構むずかしいことなのです。

外交の世界では、同じ言葉が聞き手によって異なって解釈されるという現象を、意図的に利用する場合があります。国家が、対立する事案について「合意文書」を作成する場合は、このような「知恵」が用いられるのです。

ですから、伝言を伝えるときには、そのような危険を伴う余計な枝葉を捨て、幹だけを伝えることが肝心なのです。そうでないと、伝言ゲームになってしまう危険があります。

伝言ゲームはご存じの通り、多くの人が次々と伝言していくうちに、話の内容がどんどん変わってしまうことを見て、楽しむゲームです。話の内容が変われば変わるほど面白いのですから、「お題」を考える人は聞き間違えやすい言葉を入れたりして、いろいろと工夫をします。

話の内容が変わってしまう要因はさまざまですが、

・幹を取り違える
・枝葉がふくらむ
・その過程で、誇張、憶測、勘違いなど、事実とは違う情報が入り込む

といったところでしょう。

ビジネスの場でも、「あの話が、どうしてそんなふうになっちゃうの？」と驚くような伝わり方をすることがありますが、同じようなことが原因であることが多いのです。

話の幹を理解しないまま、枝葉の多い話が第三者を介して伝わっていけば、伝える人は何を伝えるべきかがわからないまま、伝言するようになります。その結果、枝葉の部分が幹になって次の人に伝わり、そこにまた枝葉が付け加えられ、もととはすっかり違う内容に変容してしまうのです。

大切な話を伝言ゲームにしたくないなら、伝言ゲームの逆、すなわち、伝言

▶伝言ゲームの例

① → ② → ③ → ④ → ⑤

① 前にA社のYさんがもってきた企画書ある？
部長が見たいって言ってるんだけど

↓

② A社の企画書知ってる？
Yさんが前にもってきたらしいんだけど、
部長が前向きに検討したいらしい
〈誇張〉

↓

③ Yさんってあの辞めた人でしょ？
企画書のことはよく知らないけど、
それ、専務が断ったんじゃなかったの？
〈憶測〉 話題が「企画書」から
「Yさん、部長、専務の利害関係」に
移っている

↓

④ 専務が断った企画のことで、
部長が陰で動いてるらしいよ。
辞めたYさんがからんでるみたい
〈誇張〉と〈憶測〉がヒートアップ

↓

⑤ 部長がA社を辞めたYさんと組んで、
専務を追い込もうとしてるって本当？

話が伝言されていくうちに、まるで違う話になってくる！

力アップの3原則を実行することです。

自分は伝言をきちんと伝えられないのではないかと自信のない人や、重い責任がある場合には、**自分の理解した幹で間違いがないかどうかを、相手に確認すればよいでしょう。具体的には、「お伝えすべきことは～でよろしいでしょうか」という言葉で確認すること**です。

会議や打ち合わせの報告

伝言の上級編として、会議や打ち合わせの報告があります。

この場合は、上司などに伝える内容が複雑になってくるために、それを聞き取る力、聞き取った内容の要点を整理する力、そして、それを伝える力が必要になり、難易度が高くなります。

このため、会議で話されたことを第三者に報告するとなると、何を報告すべきかについて考え込んでしまう人も多いはずです。

また、打ち合わせの場合は、

・結論が出た部分と出ない部分が混在する
・先方にいろいろ思惑がありそうだ
・保留となった事項が多い

など、「事実」と「推測」が入り組んでくると、伝えるべき点が絞り込めなかったり、枝葉の情報が気になることもあるでしょう。人によっては、どんな情報も漏らさないように、すべての発言をメモして報告するかもしれません。

しかし、そのようにただ長いだけの報告では、会議内容を録音してそれを再現するのと同じで、よい報告とは言えません。会議で話された内容の幹と枝葉をふるいにかけるという情報処理を行い、幹の部分のみを簡潔に報告するのがよい報告と言えます。

このような場合にも、伝言力アップの3原則が応用できます。「伝えるべきこと」は、会議や打ち合わせの目的、出席者、議題、そして、結論です。この最後の部分には、結論に達した部分と先送りされた部分の両方が含まれます。さらに、結論に至る過程での重要な発言と発言者を報告できれば、報告の幹は完成です。

これらのことだけを、簡潔に最初に報告しましょう。それだけで、会議や打ち合わせの報告の目的は、おおむね達成されたと考えられます。それで、伝えるべきことの幹は伝わったのです。そのうえで、聞き手の質問に応じて個別の事項を詳しく説明できれば、「簡潔にして、要を得た報告」となります。

まずは、以上のことが実行できるように努めることです。それができるようになれば、次のステップとして、報告にあなた自身の「分析」を付け加えるのです。分析というと、とたんにむずかしく聞こえるかもしれませんが、次の点に注意すれば、よい分析ができるようになります。

事実と意見を峻別する

会議の内容を分析するときに重要なのは、「事実」と「意見」を峻別《しゅんべつ》することです。

たとえば、編集会議でNさんの本の出版の可否について議論される状況について考えてみましょう。そこで、次のような発言があったとき、あなたは会議に出席していなかった人にどのように伝えますか。

A「Nさんの前作は、10万冊も売れるベストセラーになりました。機を逸することなく、次作の出版を検討したいと思います」

B「次作も売れるという根拠は何ですか」

A「Nさんのブログのアクセス数は100万件もあるので、たとえ数%の人しか買わなかったとしても数万冊は売れるので、この本がベストセラーになるのは間違いありません」

このなかで、「ブログのアクセス数が100万件もある」という部分は、確認できる事実です。しかし、「たとえ数％の人しか買わなかったとしても」という部分は、事実ではなく発言者の意見です。実際に買う人の割合は、それよりもずっと少ないかもしれません。

事実は、価値判断とは無関係に誰とでも共有できますが、個人の主観に基づくこと（意見、感想、評価、判断、価値観など）を確かめるためには、検証が必要です。この両者をごちゃまぜにすると、話が伝わりづらくなったり、誤解される恐れが生じます。

人間は感情をもった生き物ですから、主観的な価値判断や意見に引きずられがちです。すると、その部分に意識が向いて、事実ではないことが誇張されて伝わってしまうのです。

▶わかりやすく会議の報告をするために

1 要点をメモ書きにする

2 事実と意見を峻別する

3 意見や分析については
「ここからは私の個人的意見ですが」と
断ったうえで述べる

ですから、会議や打ち合わせの報告をするときには、口頭でする場合であっても、要点を箇条書きしたメモを作ることをお勧めします。そして、それぞれの項目が、事実と意見のどちらに属するのかを自問してみましょう。

このような作業をくり返すことによって、事実とそうでないものを峻別する感覚が養われるようになるのです。

ちなみに、このような取り組みは、実験事実から本質を抽出することが要求される自然科学においては、最低限の基本として要求されることです。にもかかわらず、それを着実に実行することは意外とむずかしいのです。

自然現象は、モザイクのように複雑かつ多様なために、見る人の立場によって、たとえ同じ実験結果であっても、違った解釈を許してしまいます。そのような場合、科学者は仮説を立て、それに基づく予言を行い、それを実験で検証することで、どの仮説が正しいかを判断するのです。

以上のことからわかるように、あなたの分析を加えるときは、事実と意見をきちんと区別して伝えるべきです。そして、事実を述べたあとで、「ここからは私の意見ですが」とひと言断ったうえであなたの意見を述べると、誤解のない報告ができます。

自分の言葉や考えの中のどこまでが「事実」で、どこからが「意見」なのかを普段から意識することは、言いたいことを伝わりやすくするだけでなく、物事を分析的に見るための訓練にもなります。

本章では、おもに伝言力アップの3原則について述べました。話し始める前に何を伝えたいのかを考え、余計なことは言わず、簡潔に、そして、結論を最初に言う。まずはこれを実行していただき、それによって「伝える力」がアップしたということを実感していただきたいと思います。

また、ここで述べた伝言力アップの3原則は、次の段階であるレベル2や、さらに上級となるレベル3の基礎力としても重要になってきます。

レベル2

「聞く気にさせる伝え方」を鍛える

――伝えたいメッセージを聞き手の力を借りて伝える

1 プレゼンテーション

プレゼンにはさまざまな形がある

本章のレベル2では、一歩進んで、「聞く気にさせる伝え方」について考えてみたいと思います。具体的には、プレゼンテーション（プレゼン）や意志表示など、こちらから発信する大切なメッセージをしっかりと相手に伝える方法です。

まず、プレゼンについて考えてみましょう。

プレゼンとは、自分の仕事、成果、提案などを聴衆に伝える行為を言います。セミナーや学会で研究成果を発表したり、会社内で自分の企画を上司に提案することなどがその典型例です。

また、ジョブ・インタビューで自分をアピールすることもプレゼンであり、仲間を説得するために演説することもプレゼンです。家族に何かを伝えるためのプレゼンもあるでしょう。

つまり、聞き手にぜひとも伝えたいメッセージを提示する行為は、すべてプレゼンであると言えます。

一般的に、日本人はプレゼンスキルが低いと言われています。私も国内外の学会や会議で、欧米人と日本人の発表を日常的に聞く機会がありますが、たしかにプレゼンで損をしていると思うことがよくあります。

しかし、そのような差が現れる根本の理由は、能力の差ではなく、プレゼンのスキルに関する教育をしっかりと受けているかどうかの違いにあると思います。なぜなら、正しい方法で継続的に訓練を積み重ねることで、プレゼン力は格段にアップするからです。

すぐれたプレゼンの例としては、予講の冒頭に挙げたスティーブ・ジョブズなど、魅力的で個性的なプレゼンで人々を魅了するスタイルがイメージされるかもしれません。

しかし、プレゼンにおいて重要なのは、魅力的で個性的なパフォーマンスをすることではありません。それよりも大事なことは、「聴衆の力を借りる」ということです。魅力的で個性的なパフォーマンスは、そのための一つの手段にすぎないのです。

単なる事実を伝えるのとは違い、プレゼンは「メッセージを伝える」ためにあります。そして、それにはプレゼンターの話を聞こうとする聞き手の意志が必要なのです。どんなに一生懸命伝えようとしても、聞き手に関心がなければ伝わりません。「心ここにあらざれば聴けども聞こえず」なのです。

このように、**プレゼンが成功するためには、聞き手の力を借りる必要があります。**

では、どうすれば自分が伝えたいことに、耳を傾けてもらえるのでしょうか。私が学生に行っている指導例を紹介しながら、一緒に考えてみましょう。

研究成果がまとまった学生は、専門家が集う学会での本格的なプレゼンにチ

▶プレゼンが成立するためには

聞き手の力を借りなければ、メッセージは伝わらない

ャレンジします。

言うまでもありませんが、彼らは一生懸命取り組んできた研究成果やその意義を、多くの人に理解してほしいと願っています。ですから、聞く気にさせるプレゼンをしたいという気持ちはとても強いのですが、最初の段階では、たいてい満足のいく出来ばえではありません。

大学院生ですから、学力はもちろん、考える力もあるのですが、だからといって、彼らみんなに伝える力が備わっているわけではありません。発表用のスライドを何枚も用意し、真剣なまなざしで発表しても、「結局、何が言いたいのか?」などと厳しい指摘をうけてしまいます。でも、そんな彼らも、適切な方法でしっかりと訓練することによって、別人かと思うほどプレゼンが上達します。

私が彼らに与えるアドバイスには、即効性はありません。しかし、これまでの指導経験から、継続的に訓練することで、誰でも着実にプレゼン技術を上達させることができると断言できます。

もちろん、研究発表だけではなく、ビジネスシーンにおけるプレゼンでも、メッセージを伝えるコツは共通しています。

〈結論に至る最短の道筋〉を考える

まず、10分間の短いプレゼンの組み立て方を紹介しましょう。発表内容をスライドにまとめ、それを用いてプレゼンするというよくある状況を考えます。

初めて発表する学生はまず、このスライドを作る段階でつまずきます。言いたいことを漏らすまいとして、文字を書きすぎるのです。1枚のスライドに文字がたくさん書かれていると、聴衆は読み切ることができません。また、読むことに注意が向き、聞くことに集中できなくなります。

プレゼンを聞いてもらうためには、聞くことに集中できる環境を用意することが必要です。そのためには、スライドはできるだけ簡潔にまとめなければなりません。ところが、彼らはとりあえず、思いついたことを五月雨《さみだれ》式に書き始めるので、できたものを見ると煩雑で、話のポイントが見えにくい場合が多いのです。

こうなってしまう原因は、自分のメッセージの幹と枝葉を見極めない状態で、スライドを書き始めることにあります。つまり、スライドを作り始める段階で、自分が本当に伝えたい話の幹を明確に意識できていないのです。当然のことですが、伝える人自身が、何を伝えたいのかを明瞭に意識できていなければ、聞いている人に伝わるはずがありません。

▶一番伝えたいメッセージを効果的に伝えるコツ

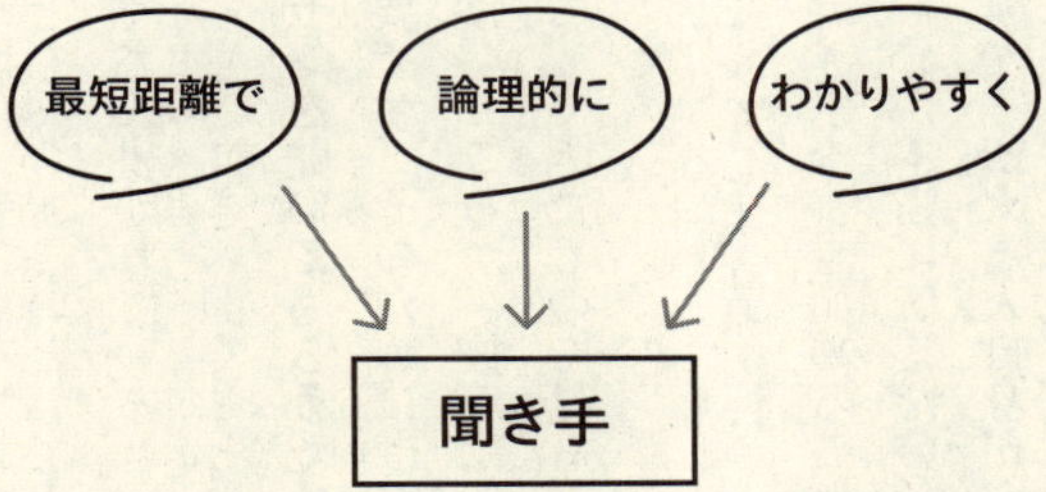

そこで、スライドを書き始める前に、次の2つのことをよく考える必要があります。

（1）自分が一番伝えたいメッセージ（話の幹）は何か

（2）それを〈最短の道筋〉で示すためにはどうすればよいか

（1）は、レベル1の「用事が足りる伝え方」で説明した、伝言力アップの3原則の一つでした。

そして、（2）が、「相手の力を借りてメッセージを伝える」ためのキーポイントです。

こちらが伝えたいメッセージを理解してもらうためには、相手の脳が活性化されていなくてはなりません。そのためには、聞き手の心にストレートに訴える必要があります。だからこそ、**伝えたいメッセージに向かって「最短距離」で、「論理的」に「わかりやすい」道筋を構成することが重要になる**のです。

1枚の紙の上に「幹」を構成する

では、そのような〈最短の道筋〉を構成するためには、どうすればよいのでしょうか。

私のお勧めは、**どういう順序で何を話すかを1枚の紙にまとめる**方法です。まとめる紙の枚数は、全体を俯瞰《ふかん》できるという観点から、1枚が理想的です。

さらにそのとき、コンピュータではなく、手を使って紙に書くという昔ながらの方法をお勧めします（コンピュータの画面のほうが性に合っているという方は、それでもかまいません）。

プレゼンの最初のイメージを作るときには、紙に小さい四角形の箱をスライドの数だけ書き、その中に言いたいことを1つずつ書き込んでいきます。紙に書いた箱1個をスライドの1枚と考え、話すべき内容を箇条書きにしていくのです。

このアナログな方法が、最初に全体の構想を練るうえで有効です。常に全体を俯瞰しながら話の幹を構成しようとする作業が、よい効果を生むのです。箱が小さいので余計なことを書き込むスペースがないため、自然と話の幹のみを残し、枝葉は捨てるという情報処理も行えます。

枚数の目安は、「1分につき1スライド」というペースを勧めています。プレゼンのスキルが上がってくればもっと枚数を増やせるのですが、最初のうちは「1分に1スライド」を目安にするとよいでしょう。したがって、発表時間が10分の場合は、用意する箱の数は10個です。

▶１分につき１スライドの法則で「考える力の鍛え方」をプレゼンテーション

①考える力とは何か	⑥「地図メソッド」で問題の核心に迫る
②考える能力≠頭のよさ	⑦複雑な問題は類型化して「解く力」を鍛える
③自ら考え、創造する力は３つの要素からなる	⑧あえて回り道をする「キュリオシティ・ドリヴン」
④一番大事なのは「問題を見つける力」	⑨「諦めない人間力」を身につけるには
⑤情報は集めたら、捨てる	⑩「どうして？」を大切にする

どういう順番で何を言うのか流れを作るためには

①紙に小さい四角の箱を書く

②その中に言いたいことを１つずつ箇条書きで書く

③１分につき１個の箱（スライド）

④10分なら10個の箱を用意

もし、10個という制限を設けないでおくと、箱の数がどんどん増え、10分のプレゼンに何十枚ものスライドを準備することになってしまいます。それでは枝葉を切り落とすことができず、第一、時間内に発表を終えることができません。

箱の数は最初から絞る

なぜ、箱が増えてしまうのでしょうか。それは、話の幹を定めずに、思いついたことから書き始めるからです。また、不安だからです。発表内容に相当な自信がないかぎり、先回りして聞き手のネガティブな反応を予想してしまいます。

「こんな断定的な言い方をすると、例外はないのかと思われるかもしれない。例外は2例あるんだから、突っ込まれる前に言っておこう」

「これは、あとでもっと詳しく説明するんだけど、あらかじめひと言、言い添えておこう」

「これは先行研究があるから、それについて触れないわけにはいかない。万一、知らないと思われたら恥だし」

こうして補足的なこともすべて盛り込もうとするので、必然的に枚数が増えてしまいます。しかし、これは逆効果です。内容をつめ込みすぎて、メインのメッセージが伝わらなくなるリスクのほうがずっと高くなります。枝葉の内容をさしはさんだり、ネガティブな反応に過敏になるあまり、話の幹を伝える〈最短の道筋〉からどんどんそれていってしまうのです。むしろ、スライドの枚数はぐっと絞って、伝えたいメッセージを際立たせたほうが心に残るプレゼンになります。

さて、このときあなたなら、最初から10個の箱に書き込みますか。それとも、まず15個とか20個の箱に書き込んでから、10個に絞り込みますか。

私は、最初から10個に絞ることをお勧めします。なぜなら、20個を10個に減らす方法では、幹を大胆に構成することができないからです。また、箱を減らす過程で、自然と文字をつめ込むようになってしまいます。

引き算方式だと、箱を1個減らすときも、「この要素は前の箱に入れて、残りは後ろの箱に入れよう」となりがちです。箱は減っても枝葉は減らず、結果は煩雑なままです。これでは、10個と決めた意味がありません。それより、ちょっと少ないかなと思う数の箱に決めて、何を削って何を残すか、じっくりと考えたほうがよいのです。

「何を言うか」を決めることは、同時に「何を言わないか」を決めることでもあるのです。

ただし、ここで「言わない」と決めたことも、まったく封印するわけではないので安心してください。それは、質問用にとっておくのです。補足的なことは質問への答えという形で説明したほうが、聴衆の満足感も高まります。

このように、細かい枝葉は全部削ぎ落とし、幹だけで話を構成するような気持ちで、1枚の紙に書いては消し、消しては書くことをくり返すうちに、だん

▶「何を言うか」=「何を言わないか」

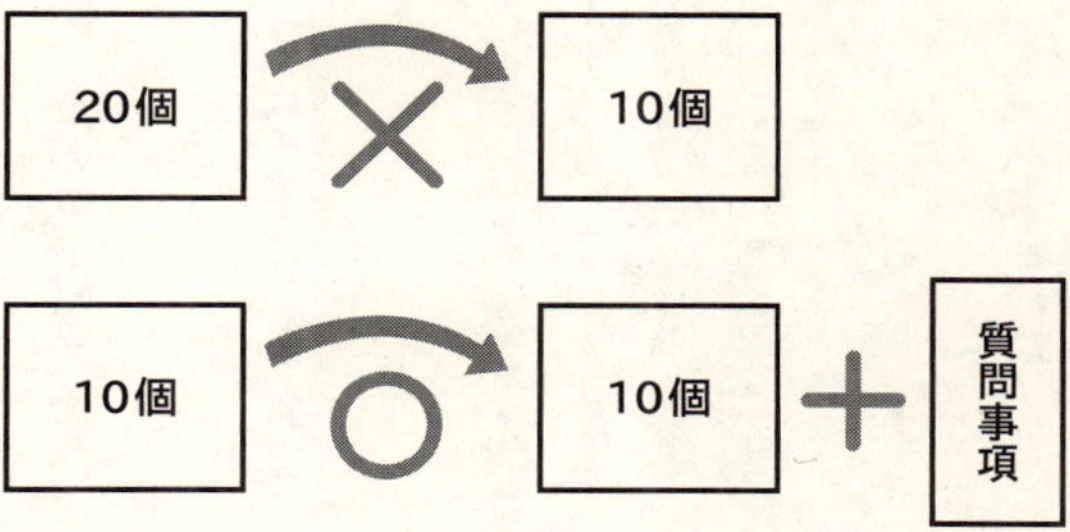

最初から10個に絞り込んで、
幹を大胆に構成するほうがよい

だんと話の筋が整理されてきます。**聞き手のバックグラウンドを考えながら、何を言い、何を言わないかを考え抜くことによって、頭の中も次第に整理されてくる**のです。根気のいる作業ですが、訓練を重ねるにつれて、プレゼン力は着実に上達します。

小手先のノウハウではなく、このような頭の訓練こそが、真の意味でプレゼン力を鍛える王道なのです。

箱を作ってその中に書き込んでいく方法は、小説、シナリオ、マンガなどを書くときにも使われる方法で、「箱書き」とも呼ばれるそうです。私自身はそのことは知らず、自然とこの方法でプレゼンを組み立てるようになったのですが、幹のみで話の流れを構成するうえで、大変有効な方法だと思います。

1スライド1メッセージに徹する

このようにして大きな流れができたら、いよいよ、具体的なスライド作りに入ります。

先にも触れましたが、聞く気にさせるプレゼンをするためには、「聞いてもらうことに集中できる環境整備」が必要です。そのためのポイントは、次の通りです。

（1）文字は大きめに
（2）1スライドに1メッセージ

（3）原稿を書く

1番目のポイントは、文字の大きさです。パワーポイントなどでスライドを作っているときは、コンピュータの画面の前に座って書いているので、文字は小さくても読むことができます。しかし、それでは部屋の一番後ろの聴衆には、見えない可能性があります。**文字は大きめと感じるくらいが、ちょうどよいのです。**

2番目のポイントは、**1枚のスライドに1つ以上の内容を盛り込まないこと**です。「1スライド1メッセージ」に徹すると、各スライドで何を言いたいのかが、聞き手にすっきりと伝わります。

もう一つ、重要なポイントがあります。聴衆はスライドを通じて目から情報を獲得し、プレゼンターの声を通じて耳から情報を獲得します。両者の情報がしっかりとマッチすることで、情報伝達の相乗効果が生まれるのです。

ところが、複数のメッセージを1枚のスライドにつめ込んでしまうと、どうしても文字が見づらくなってしまいます。聴衆の側に立つと、スライドを読むことに余分な労力が必要となるため、聞くことがおろそかになってしまいます。

視覚的な情報伝達を行う際には、聴衆にスライドの文字を読む負担をかけない工夫が必要です。「1スライド1メッセージ」は、その目的のためにも有効なのです。

このようにして、すっきりとしたスライドができればそれで終わりではなく、原稿を書くことをお勧めします。なぜなら、**聞き手に伝わりやすい〈最短の道筋〉は、伝えたい内容を言葉で表現することで初めて、はっきりとした形をとる**からです。また、原稿を書く過程で、スライドも整理されてきます。

原稿を書くうえでも、結論に至る最短の道筋をたどるという方針を守ってください。もちろん、結論に至るために必要な前提知識や背景などはしっかりと伝える必要がありますが、結論に直接関係のないことは極力さしはさまないようにすることが大切です。また、原稿を書きながら、スライドも適宜、改善しながら進めてください。

この際に、留意すべきことは、「言わないことはスライドに書かない」という原則です。多くの人が、原稿を書く際にふるい落とした枝葉を、スライドには書いたままにします。いろいろ考えて、「念のため」に残しておくのだと思います。

しかし、これはたいてい、プレゼンの質を下げます。聞き手にとっても、余計なことが書かれていると、スライドのどこを見ればよいのかがわからず、視覚による情報伝達の効率を落としてしまうのです。

ですから、言わないことは、スライドに書いてはいけません。気になったら、質問用のスライドを用意して、それに書けばよいのです。

また、スライドに書いてしまうと、「ちなみに」などと言って、本番でついそれについて話してしまう危険性があります。そうすると、1分間に収めるべき話が長くなってしまい、時間が足りなくなり、肝心な部分を駆け足で話さざるをえなくなります。

▶聞いてもらうための環境整備

1 文字は大きめに
2 1スライドに1メッセージ
3 原稿を書く
○
伝える力とは
×
伝える力とは

これは、プレゼンで時間が足りなくなる人の典型的なパターンです。

以上の原則を守って作業していくと、無駄のない簡潔なスライドと原稿ができあがります。この段階になったら、ぜひまわりの人に聞いてもらって、発表練習をしてください。

発表者は自分の仕事の内容を話すために、ほかの人にとってどこがわかりづらいかが、なかなかわからないものです。それを第三者の人に聞いてもらい、指摘してもらったことを取り入れることで、話のわかりやすさがぐっとアップします。

私の研究室では、学生がほかのメンバーの前でプレゼンし、何度もダメ出しを受けてスライドを完成させていきます。10分のプレゼンに30分、1時間とダメ出しすることが普通です。それを徹底的にやることで、内容がどんどん練り上げられていき、原稿とスライドがシンデレラの足と靴のようにぴったりと合ったら、スライドと原稿は完成です。

声を出さずにイメージトレーニングしてみる

これで発表する内容は定まったのですが、この段階では、まだ原稿の棒読みになってしまいがちです。

人間は抑揚を伴った会話の口調に慣れているので、同じ原稿でも、それを棒読みすると情報がうまく伝わらないのです。かといって、無理に抑揚をつけたり、オーバーな身振り手振りをしても、そちらに気をとられて内容がうまく伝わりません。**相手に語りかけるような、あなたらしい自然な語り口調が一番よいのです。**

では、そのためには、どのような練習をすればよいのでしょうか。

内容はすでに頭に入り、原稿は暗記できている。そうなったら、こんどは原稿を見ずに声を出さないで、スライドを見ながら心の中で相手に語りかけるように説明する、ということを実践してみましょう。

声は出さず、心の中で聴衆に語りかける。

実際にやってみてください。相当の集中力が必要なことに気づくはずです。実は、原稿を棒読みしているときには、あまり脳を使っていません。しかし、声を出さずに言葉を心の中で再現することは、脳を使う作業なのです。

この作業を行うことで、イメージがどんどん脳に定着していくことが実感できると思います。そうなったら、次のステップでは、スライドも見ずに、目を閉じて、心の中でスライドを思い浮かべながらプレゼンしてみてください。このような**イメージトレーニングを行うと、脳に定着したイメージがさらに進化**

▶イメージトレーニングのすすめ

STEP 1 原稿を暗記する

STEP 2 スライドを見ながら心の中で声を出す

STEP 3 イメージが脳に定着

STEP 4 スライドを消し、目をつぶって心の中でプレゼン

STEP 5 頭の中にストーリーが定着

して、話の流れも頭の中に定着します。

ここまできたら、もう怖いものは何もありません。当日にどんなイレギュラーなことが起こっても、落ち着いてプレゼンができます。

入念に準備したのに、みんなの前に立ったら頭が真っ白になってしまった、というのはよくある話です。でも、頭の中にしっかりとストーリーが定着していれば、原稿のことをまったく意識しなくても、自分の言葉で自然なスピードで話すことができるのです。

聞き手に思いをはせるコツとは

この段階まで訓練した人にとって、話し方はほとんど問題ではありません。むしろ、人それぞれの個性を大切にした、自然な話し方がよいと思います。朴《ぼく》訥《とつ》な人は朴訥な話し方を、快活な人は快活な話し方をすればよい。あなたらしく話せばよいのです。

ただし、次の3点には注意する必要があります。

①一番後ろの人が聞こえるくらい、大きな声で話すこと

②言葉の語尾が聞き取りにくくならないように、言葉は最後まではっきりと発音すること（これは、子音の多い英語でプレゼンをするときには特に重要です）

③聴衆のほうを向いて、アイコンタクトをとりながらプレゼンすること（背中を見せながら話さないこと）

この3点に気をつける以外は、自然体でプレゼンをするほうが、ずっと好感をもたれるでしょう。ジョブズのような雄弁さは必要ありません。ストーリーを完全に自分のものにし、自分の言葉で話せるようになったら、あとは自分のスタイルで話せばよいのです。

このようなプレゼンができると、なによりも「聞いてもらえた」「うまく伝えられた」ということをあなた自身で実感できるはずです。

うまく伝えるためには、メッセージが伝わり、相手の心が動く必要があります。「心が動く」とは、プレゼンターと「一緒に考える」ということです。聞き手が一緒に考えてくれれば、もっと知りたい、もっと聞きたいという気持ちが自然とわきおこり、質問がたくさん出てくるようになります。これにうまく答えることができれば、プレゼンは大成功と言えるでしょう。

このような成功は、「聞き手に思いをはせる」という意識なしには成立しません。今日の聴衆は、どういうバックグラウンドをもった人々か。専門家か、一般の人か。あるいは同業種の人か、異業種や一般の人もまじっているのか。このことを事前に調べて、それに応じた準備をする必要があります。

専門外の聴衆を対象とする場合には、そもそもあなたがプレゼンする内容がなぜ重要なのか、どんな意義があるのかといったイントロダクションを、十分に行う必要があります。

まったく同じ事実でも、人によって、理解の仕方はバラバラです。あなたとほかの人では、理解の仕方が同じではないのです。このことを意識するかしないかで、伝わり方がまったく異なってきます。

残念ながら、こうしたことは学校ではあまり教育されませんし、場数を踏めばわかるようになるというものでもないようです。**「聞き手に思いをはせる」という思いやりの意識を、普段からもてるかどうかで、伝える力が大きく変わってくるのです。**

▶話し方の３つの注意点

1 大きな声で

2 語尾の最後まではっきり発音

3 聴衆にアイコンタクトをとりながら話す

これが、「考える力」とは異なる、「伝える力」特有のむずかしさであり、面白さでもあります。

考えることは自分ひとりで完結できますが、伝えるためには、伝えたいメッセージが相手の心に届かなくてはなりません。聞き手のことを考えずに一方的に話すことを続けていると、伝わらないプレゼンをくり返してしまうことになりかねません。

ここまで説明してきたプレゼン術は、誰でも、訓練によって着実に上達できる方法です。初めての方なら、1週間ぐらいかけて段階を追って練習する必要がありますが、それを実行することで、非常にクリアなプレゼンができるようになります。

一度このプロセスを経験して、10分のプレゼンがきちんとできるようになれば、もっと長い時間のプレゼンも可能になります。

最初の30秒で聞き手の心をつかむ
——さらに進んだプレゼン術

聞き手との関係に思いをはせられるようになった人には、さらにお勧めしたいテクニックがあります。それは、**導入部分で、聞き手の心をがっちりとつかむ方法です。**

最初の30秒間、スライドを使わず、聞き手のほうをしっかりと見て、「今日は、このような話をします」と、最も伝えたいメッセージを語りかけるのです。〈最短の道筋〉を30秒にまとめてサマリーを作り、それを原稿にして完全にマスターし、それを聴衆とアイコンタクトをとりながら、語りかけてみてください。「今日は、これをお伝えするために、ここに立っているのです」という気持ちをこめて。

そうすると、どうなるか。スライドを使わないことによって、聴衆はまっすぐあなたのほうを見ますね。そこであなたが伝えたいメッセージが伝われば、聞き手は「プレゼンターは私に語りかけてくれている」と感じるでしょう。

この一対一の関係において、聞き手が「面白そうだ」「この人の話をもっと聞きたい」と思ってくれたら、あなたのプレゼンは半ば成功したも同然です。聴衆は身を乗り出して、あなたのプレゼンを聞いてくれるはずです。

逆に、プレゼンが始まっても、「この人は、何を言おうとしているのか」がわからないまま、話についていかなければならない状況を想像してみてください。聞き手の脳の活動は次第に低下し、最悪の場合は、居眠りをされてしまいます。

この「最初の30秒」という技法は、スライドを使用したプレゼンの弱点をカバーする意味でも重要です。

実は、パワーポイントなど、スライドを使ってプレゼンを行うというシステムは、考えをしっかりと伝えるためのプレゼンには、あまり適していないと私は考えています。場面が進展するペースが、速すぎるのです。人間の思考の速度に一番合っているのは、黒板に書きながら話すことです。これなら聞き手が考えながら、プレゼンの内容についていくことができます。

しかし、スライドだと、いきなりぱっと新しい画面が出てきて、聞き手はどこを見ればよいのかが瞬時にはわかりません。このような聞き手の困難をよく理解したプレゼンターでないかぎり、スライドだけでは意外に情報が伝わらないのです。

そこを、最初の30秒の語りかけが補ってくれます。**スライドを使わずに直接語りかけることによって、話の幹の部分が最初に伝わり、これから話がどこに向かっていくのかを、聞き手にあらかじめ伝えることができるのです。**

相手の心に強く訴えかける必要があるとき、たとえば、ジョブ・インタビューのときなどにも、アイコンタクトをとりながら、話の主要なメッセージを30秒で語りかけるこの方法は、とても有効です。

幹の部分は誰が相手でも変わらない

私は、学術会議で専門家にプレゼンすることもあれば、公開講座で中高生を相手にプレゼンすることもあります。実はこのとき、同じスライドを使って話すことがよくあります。もちろん、学術会議で話すときは専門用語で、中高生には日常用語でという違いはあります。でも、使うスライドは基本的に同じです。

「こんな不思議なことがあります。なぜそうなのかを考えてみた結果、こんなことがわかりました（面白いでしょう？）」

誰が相手であっても、この幹の部分が変わることはありません。同じスライドを使ってプレゼンしても、聞き手が異なったレベルで理解しても、自然現象の不思議さ、面白さは伝わるのです。プレゼンターとしては、まったく前提知識のない人にも不思議さが伝わり、専門家には言葉の端からもっと深い意味を読み取っていただける、そんなプレゼンを心がけています。

これは、聞いている人の立場に立った、細かいケアをすることで可能になります。いろいろなバックグラウンドをもった人たちを思い浮かべて、原稿の言葉に手を加えますが、「何が不思議か」という根幹の部分が、相手によって変わってしまうようでは、よいプレゼンとは言えません。

一般の人に科学の専門知識を伝えるとき、素人だからどうせわからないだろうと高をくくって、「わかったような気にさせる」たとえ話が用いられることがあります。しかし、本質をとらえていない気分だけのたとえ話は、非専門家にもあまりアピールしません。真実だけがもっている迫力が、伝わらないからです。

本質をよくとらえたたとえ話なら、非専門家が感心すると同時に、専門家にも「面白い」と思ってもらえます。「そうか、こう考えるとよくわかるんだな」と専門家が感心してくれたら、そのたとえ話は成功と言えるでしょう。

非専門家にも専門家にも等しく、話の幹が伝わること。本当の意味で「わかりやすい」伝え方とは、そういうものなのだと思います。

たとえ話をする場合も、決して本質をはずさず、それでいてわかりやすい伝え方。それを、自分らしさを失わないで伝えられる――そんなプレゼンができたら素晴らしいでしょう。

なお、プレゼンと言うと、ここで例を挙げたような研究発表や、新商品や企画の提案などを連想する人が多いかもしれません。しかし、プレゼンは、そのような改まった場面だけで行われるとはかぎりません。もっと身近な、日常生活の中にもプレゼンの機会はあります。

たとえば、お店選びや家電製品の使い方の説明など、普段はなりゆきですませてしまっていることも、「これは一種のプレゼンだ」と意識して相手に聞いてもらう環境を作り、話の幹をはっきりさせてから話してみてください。話がすっきりと伝わり、気持ちよく結論を下すことができると思います。

このように、**日常の場面で、聞き手の立場に思いをはせ、相手にわかりやすい伝え方を心がけることで、あなたの伝える力に磨きがかかります。**また、こうしたスキルを身につけることで、会話に応用力が生まれ、あなたの日常生活も豊かになってくるに違いありません。

プレゼンと質問力

最後に、プレゼンと大変関係が深い「質問力」に触れておきましょう。

先に、プレゼンが成功したときには、質問がたくさん寄せられると述べました。興味深いことに、**よい質問には、プレゼンをさらによくするパワーがあります。**

みなさんは、講演会のあとの質問の時間に、「ああ、これはよい質問だな」

と思う質問を聞いた経験があるでしょう。そのような質問は、質問者個人が何かを知りたいという目的を超えて、講演者を含む、その場にいるすべての聴衆の理解を深めてくれます。つまり、**講演者がうまく伝えられなかった問題点を明らかにする効果がある**のです。

このような質問は、講演者にとって有益なだけでなく、聴衆にも有益です。聴衆の多くは、わからないところがあっても、なかなか勇気を出して質問することはしません。講演を聞きながら、何がわかって何がわからなかったかを明確に意識してそれを言語化することは、ハードルの高いことだからです。しかし、よい質問者の質問を聞くと、「ああ、そのことを聞きたかったんだ」とあたかも自分がわからないことを代弁して、聞いてくれたかのような気持ちになるときがあります。このように、よい質問は、場全体の理解の底上げをしてくれるのです。

その一方で、非常にぼんやりした、「いったい何が聞きたいのかな」と思う質問をする人もいます。経験の浅いプレゼンターは、質問の意図がよくわからない場合、わからないままそれに答えようとしますが、質問がよくわからないのですから答えもかみ合いません。結果として、情報量がほとんどゼロのやりとりになり、これでは会場にいるすべての人の時間を無駄にすることになります。

ですから、私は学生に、「何を聞かれているのか理解できるまでは、質問に答えてはいけない」と指導しています。質問の意図がわからなかったら、聞き返せばよいのです。一番いいのは、「こういうことをお聞きになっているのでしょうか?」と言いかえてあげることです。ぼんやりした質問の中に、その人が本当に知りたいことを聞き取り、「こういうことでしょうか?」とまとめてあげれば、答える前から質問者にとって満足感があります。

このように、質問という行為は、みんなが明確には意識していなかった問題を、講演者と聴衆の両方に提起することによって、講演の内容を発展的にふくらませる効果があります。

また、みんなでディスカッションをしている場合にも、このような質問力は

▶よい質問はプレゼンの理解を深める

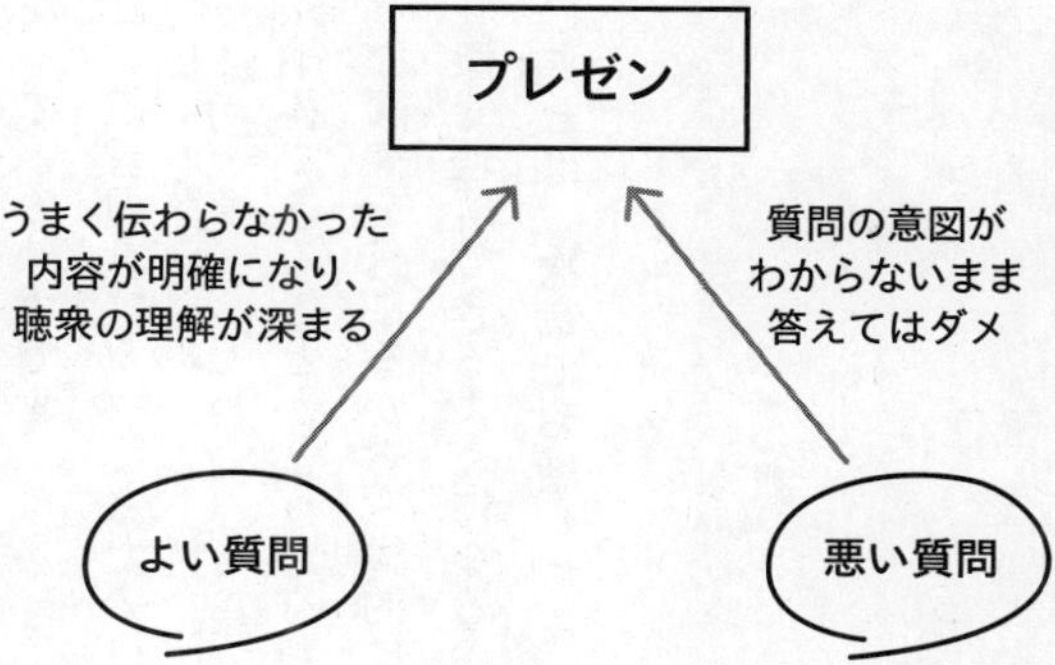

問題点を明確にし、議論を方向づけるうえで大変有効です。このように、質問力はプレゼンにかぎらず、他の場面にも広く応用できるスキルであると言えます。

では、質問力を鍛えるためには、普段からどんなことを心がけるとよいでしょうか。

それは、**「分析的に聞く」ように努めること**です。講演者の話を単に聞き流すだけでなく、自分の知識や経験と照らし合わせて、納得できることかどうかを考えながら聞くように心がけてみましょう。そして、何かおかしいと思ったときに、それを言葉で表現できれば、それは疑問点を明確化するよい質問になっているはずです。

先に、伝言力をアップするためには、聞く力を鍛える必要があると述べましたが、相手の言っていることの要点を聞き取ることができるようになったら、それが納得できることかどうかを判断しながら聞く努力をしてみましょう。このような訓練を日ごろから意識的に行うことによって、相手が話している内容をより深く理解できるようになるのです。

このことは、次章でお話しする「人を動かす伝え方」にとっても、重要です。

2 意志表示——言いづらいことを伝える

相手が聞きたくないメッセージとは？

レベル2の「聞く気にさせる伝え方」を鍛えるためには、まず、相手の「聞く力」をいかに引き出せるかが重要ということが、おわかりいただけたと思います。次は、さらに踏み込んだ状況を考えてみましょう。

プレゼンは、基本的に、話を聞くために集まってきた人たちを相手に行うものです。しかし、私たちの生活の中には、話を聞きたくないと思っている相手、ときには「早く帰れ」と言わんばかりの相手に、ぜひ聞いてもらわなければならない場面も生じます。

何かを断る、クレームを入れるなど、相手にとって快くない判断・評価を伝

▶相手が聞きたくないメッセージとは？

まず閉ざしてしまった心を、開いてもらう必要がある

える、あるいは注意する、苦言を呈する、叱るなど、相手が聞きたくないメッセージを伝える場面です。大人になればなるほど、そんな役どころが回ってきます。

こういう場面では、相手は心を閉ざしてしまいがちです。そんな状況では、まず相手に心を開いてもらわなくては、何も伝えることができません。

そんなときこそ、相手の「聞く力」を借りる必要が出てきます。相手の力を借りて、伝えにくいことを伝える――はたしてそんなことができるのでしょうか？

内定辞退の伝え方

言いづらいことを伝えなければならない例として、内定の辞退を伝える状況を考えてみましょう。

企業は採用に時間とコストをたっぷりかけていますから、内定辞退は大打撃です。一方で、学生にとっても内定辞退は、学生から社会人へと階段を上るうえで経験する重要な局面です。できれば相手に納得してもらい、円満に伝えたいものです。

一般的には、内定辞退はまず電話をして、それから担当者のもとへ直接おわびのあいさつをしに行き、その後、書面でもおわび状を送るのがマナーだと言われています。電話にしろ面談にしろ、重い心理的プレッシャーがかかります。しかし、これは辞退すると決めたら避けては通れない関門です。

どうしたら、相手が感じる不快感を最小限にしてこの関門を通過できるか、考えてみましょう。

まず、内定辞退の意志を伝える学生と人事担当者のやりとりを2例、紹介しましょう。ある企業の営業職に採用された学生という想定です。

〈例1〉

学生「こんにちは、お世話になっております。内定をいただいている○○大学の◎◎と申します」

担当者「ああ、◎◎さん。お元気ですか？」

学生「はい。あのー、実は今日は、ちょっと、お話ししたいことがありまして」

担当者「何でしょう」

学生「はい。この間、内定をいただきまして、改めまして、ありがとうございます。なのですが、実は以前から、大学のキャリアカウンセラーの方から、君は営業もよいけれども企画開発も向いているのではないかと言われておりまして。自分でもそう思う部分がありまして。そして、実は、業界違いなんですが、食品メーカーさんにもエントリーしていて、そちらの2次面接が御社の内定をいただく3日前だったんです。で、御社の内定をいただいたあともその会社さんからは連絡がなく、そのままになっていたんですが、突然、企画の職種で新たに面接してくれるということになりまして、その面接を受けること自体、自分には迷いもあったんですが。というのは、御社の仕事も大変魅力がありましたし、みなさんにもお世話になったので……」

担当者「えーと、話が長くなりそうだけど、要するに内定辞退ってことですか？」

学生「はい、そういうことです」

担当者「だったら、最初からそう言ってくれていいんですよ」

学生「……本当に申し訳ないと思っていまして、一度、おわびに」

担当者「いいですよ、わざわざ来なくても。だって、忙しいでしょう？」

〈例2〉

学生「こんにちは、お世話になっております。内定をいただいている○○大学の◎◎と申します」

担当者「ああ、◎◎さん。お元気ですか？」

学生「はい、ありがとうございます。実は、大変申し上げにくいことをお伝えしなくてはならず、お電話をさし上げました」

担当者「ほう、何でしょう」

学生「大変心苦しいのですが、内定を辞退させていただきたいのです」

担当者「そうですか。それはまた……うーん、理由を聞いていいですか」

学生「はい、他社さんから内定をいただきまして」

担当者「なるほどねえ。うちが第1志望だと思っていたんですが……。それはまた、残念ですね。あなたのことはみんなとても気に入って、一緒に仕事できるのを楽しみにしていたんですが」

▶内定辞退の手順

学生「本当に申し訳ありません。私も最後の最後まで迷ったのですが……」

担当者「でも、もう決めたのでしょう？ だったら仕方がないですね、残念ですけれども。まあ、一度顔を見せに来ませんか、少し話もしたいし」

学生「はい、そのつもりでおりました。お目にかかっておわび申し上げたいと思います。いつごろお時間をいただけるでしょうか」

この2つの例のうち、どちらの学生が適切な内定辞退の伝え方であるかは明らかでしょう。違いがどこかを、詳しく見ていくことにしましょう。

事情・状況から話し出してはダメ

〈例1〉の学生は担当者を苛立たせています。この人が失敗したのは、内定辞退という結論（メッセージの幹）を後回しにして、自分の側の事情・状況（メッセージの枝葉）から切り出したためです。

「内定をもらって感謝している」
「大学のキャリアカウンセラーから希望職種についてアドバイスされた」
「ほかの業種の企業にもエントリーしていた」
「その企業から企画の職種で採用したいと言われた」

これらはすべて、内定辞退の背景として本人にとっては意味があるのですが、人事担当者にはどうでもいい話です。このような枝葉ばかりを聞かせてイライラさせ、ついに「要するに内定辞退ってことですか？」と、相手に結論を言わせてしまいました。「これ以上、君の話は聞きたくない」と言わせたのも同然で、相手の心は完全に閉じてしまっています。

本人が真剣なのはありありとわかりますが、これは自分の立場を不利にする伝え方なのです。この例のように、事情・状況から話し始める心理は、レベル1の伝言力のところでも書いたようにごく一般的です。申し訳ないという気持ちをていねいに伝えたいと思うあまり、相手にとってはどうでもいいことを延々と話してしまったのです。

しかし、相手の立場に立って考えると、聞き手の心理を考えずに、自分の言い訳に終始したという厳しい見方をすることもできます。「怒られるだろう」という心理的プレッシャーに負けて、相手を本当に怒らせてしまったのです。

言いにくいことを告げるには、勇気がいるものです。この学生もおそらく勇気を振り絞って電話をしたのですが、せっかく勇気を振り絞って一歩を踏み出すなら、その後のことも考えておくことが賢明でしょう。

「事情・状況」から話し出すくせのある人は、話す前に伝えたいメッセージの幹の部分を整理して書き出し、それを頭に入れてから話すと、よりうまく伝えられると思います。

私も、事情・状況から話し始める人の心理は十分理解できます。しかし同時に、事情から話し始めて、はたして効果があるのかな？　と考えてしまいます。

内定辞退の場合、相手が快く思わないのは当然のことなのですから、結論は早めに伝えたほうがよいのです。この学生は、話の幹は何かということをもう一度考えてみるべきでしょう。

この場合、話の幹は「内定ありがとうございます」とか、「それなのに辞退してすみません」という気持ちの部分ではなく、「内定を辞退します」という意志の部分なのです。この話の幹を最初に伝えると、相手は心を閉ざすどころか、「どうしてそう決断したのですか」と聞いてくるので、それに対して誠実に答えることで、「気持ちの部分」も同時に伝えることができるのです。

▶内定辞退の悪い伝え方

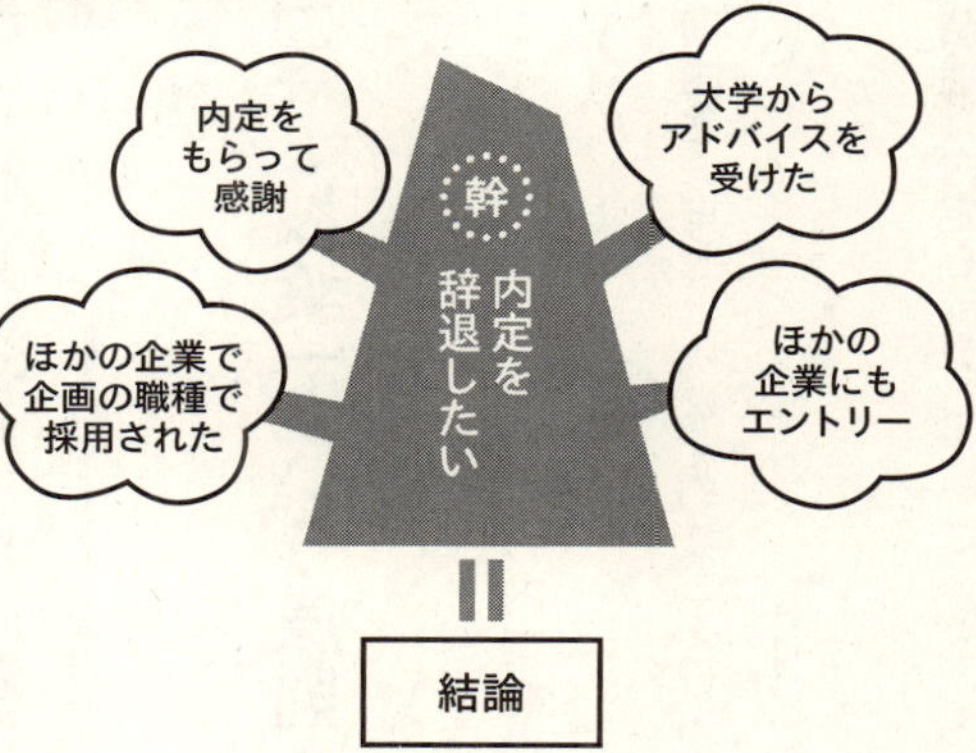

その点、〈例2〉の学生は相手の立場をよく考えた伝え方をしています。最初に「申し上げにくいことをお伝えしなければなりません」と宣言していますが、これがとても効果的です。

結論を最初に言うといっても、**何かを断るときには、相手が受けるショックを考えなくてはなりませんから、ワンクッションを置くことが大切です。**この学生の最初のひと言で、相手は心の準備をすることができるのです。

言いづらい用件を聞いてもらうためには、相手の心を閉じさせないための工夫が必要なのです。プレゼンにおける「最初の30秒」と同じで、「この人は、何か大事なことを言おうとしているんだな」と、メッセージを受け入れる心の準備をしてもらうのです。これは、相手の「聞く力」を引き出す伝え方と言えます。

「幹→枝葉」という原則を守る

ここで、〈例2〉の学生の内定辞退の伝え方を振り返ってみましょう。

前置き（申し上げにくいことを言います）……メッセージを受け入れてもらう下地作り
↓
結論（内定を辞退したい）…………………メッセージの「幹」
↓

理由（他社の内定をもらった）……………メッセージの「枝葉」①
↑
事情・状況（最後まで迷った）……………メッセージの「枝葉」②

このように、〈例2〉の学生の場合は、最初から最後まで、相手の立場に立った伝え方だということがおわかりいただけると思います。

その結果、相手は最短の道筋で「この人はうちの会社に入ってくれない」という事実を把握することができます。気持ちの部分を補足するのは、そのあとでいいのです。

つまり、「内定を辞退したい」とメッセージの幹（結論）を伝える際には、理由は述べなくていいのです。結論を言えば、担当者が理由を尋ねてくれるはずです。これもプレゼンのときと同じ構図で、補足説明は聞き手の質問用に回すのです。

ちなみに、内定辞退という微妙な場面では、多くの言葉を連ねてもあまり効

▶「幹→枝葉」の原則を厳守した正しい内定辞退

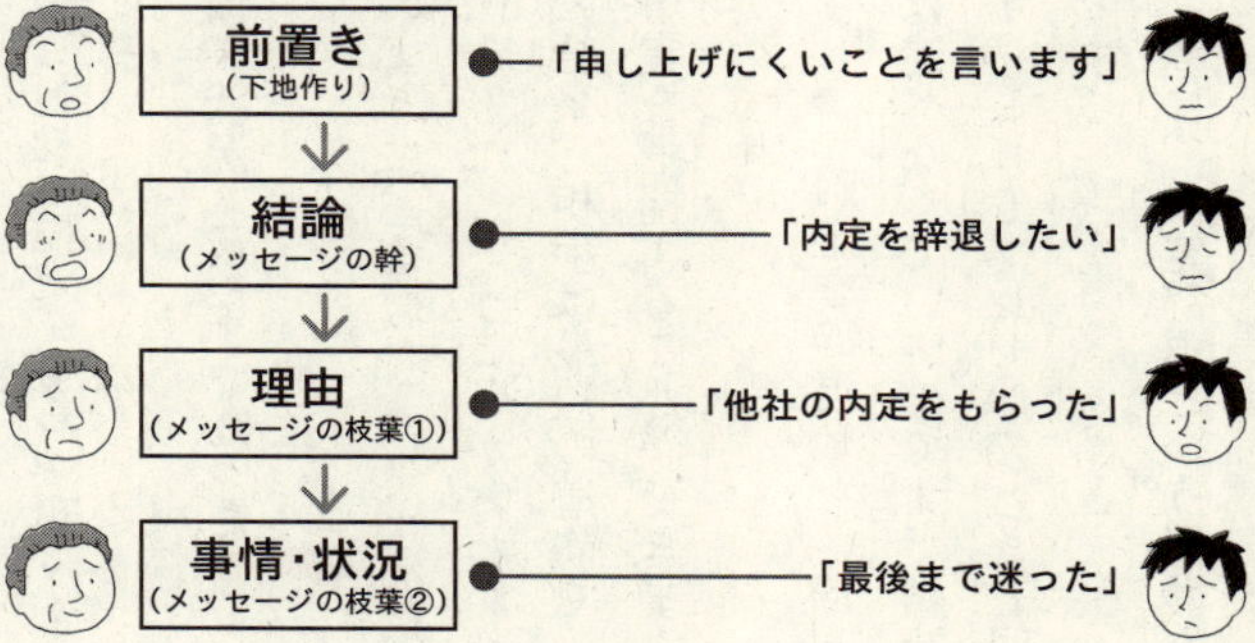

果はありません。結論が決まっていて、くつがえしようがないからです。他社を選んだ理由も、自分から詳しく述べる必要はありません。聞かれたら答えられる範囲で答えればよいのです。

人事担当者が辞退の理由を聞くのは、辞退の意志をくつがえしたいというよりも、次の人事に生かすための参考にしたいからです。基本的には、誠意をもって冷静な態度で対応すれば、多くの場合、相手も冷静に応対してくれます。

相手が受け入れにくいアドバイスを伝えるとき

次は、さらに踏み込んだ人間関係のケースを考えてみましょう。こんどは、受け入れてもらえるかどうかわからないメッセージを伝えたい場合です。教員という仕事にも、言いづらいことを言わなくてはならないシーンがたくさんあります。私が大学院生の指導をする際に目標としているのは、彼らが自ら課題を見つけて、それを創造的に解決することができるようになってもらうことです。そして、自らのキャリアを開拓できるようになってもらうことです。

しかし、実際には、いろいろな問題をかかえた学生が出てきます。たとえば、生活がきちんと確立できていない人です。大学に入るまでは、親に大切に育てられてきたので仕方がないのかもしれませんが、それでは自立できません。

また、重要なメールへのレスポンスをきちんと返せない人や、時間を守れない人もいます。大学生のときには、私がフォローアップすればよいのですが、それでは社会に出たとたんに信用を失います。残念ながら、社会人にとっては常識のルールが、大学ではシステマティックに教育されていないのです。

一度しっかり指摘してあげないと、いずれ大きな失敗につながるかもしれません。しかし、どんなタイミングで言うか、部下をもったことがある人なら、このような場面に直面することは多々あることでしょう。

私の考えでは、**話を切り出すタイミングも大事ですが、それよりも大事なのが、先に述べたような切り出すときのワンクッションの置き方**なのではないかと思っています。このワンクッションのおかげで、相手に心を開いてもらい、話を聞いてもらえる環境作りができるのです。

そこで私は、最初に、次のように言うことにしています。

「言いづらいことだけど、今言っておかないと将来困ることになるから、ちょっと厳しいことを言ってもいいですか」

このひと言の有無が、聞き手の心理状況に大きな違いをもたらすのです。

より心を開いてもらうためのワンクッションの置き方

このひと言で、学生は少なくとも私に伝えたいことがあるのだと認識し、また、それが自分を変えなくてはならない厳しいアドバイスだということを理解し、それを聞く心の準備ができます。

仮に、このような準備ができていない段階で、次のように言ったとしたらどうなるでしょうか。

「言いづらいことだけど、君のためになることだから、この際、はっきり言います。君はメールのレスポンスをちゃんと返さないし、約束の時間も守れない。そのほかにも、社会的常識に欠けた面がある。こんなことでは、社会に出てから痛い目にあいますよ」

こんなことを突然言われてしまったら、学生はショックを受け、頭が真っ白になってしまうかもしれません。その場から、逃げ出したいと感じるかもしれません。もちろん、自分が悪いということは理解できるでしょうが、だからといってすぐに、「本当にそうだな。言ってくれてありがたい。今日からちゃんとしよう」などと気持ちを切り替えることは、なかなかできないのではないでしょうか。

「言います」と「言っていいですか」の違いを、おわかりいただけたでしょうか。

このワンクッションがないと、学生はアドバイスを「叱責」と受け止めてしまいかねません。心が緊張するせいで、メッセージをネガティブな意味でしか受け取れなくなるかもしれません。先生は「叱っている」のではなく、「怒っている」と思ってしまうかもしれません。

ところが、「言っていいですか」というひと言で、アドバイスが学生の心に

▶心を開くためのワンクッションの置き方

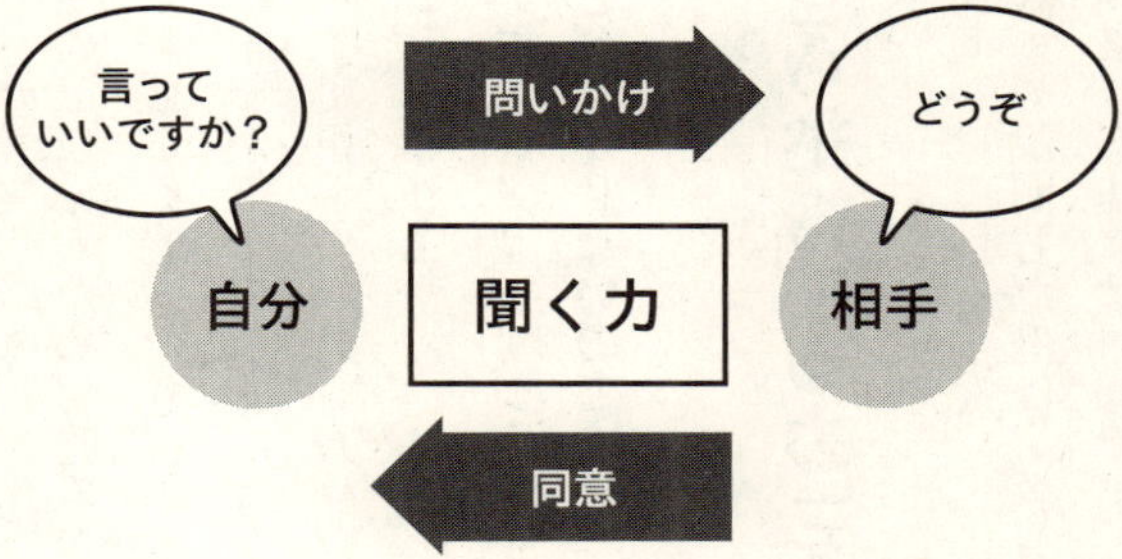

相手の同意を引き出すことで心を開かせる

届きやすくなるのです。

「言っていいですか」と問いかけられたら、たいていの学生は「どうぞ」と答えます。**「問いかけ→同意」というプロセスをはさむことで、学生の側に「聞く心」が自然と生まれる**のです。「どうぞ」と答えるとき、彼らは緊張していますが、心を閉ざしてはいません。

どんなに相手のためになるはずのアドバイスであっても、一方的にメッセージを伝えるだけでは、相手の心に届きません。同じことを言っても、相手の心理状況しだいで、「伝わり方」に大きな違いが生じるのです。

怒るのは自分のため、叱るのは相手のためです。相手を向上させてあげたいと願うからこそ叱ったり、アドバイスしたりするのですから、最終的に相手にメッセージが伝わらなくては意味がありません。たとえ厳しいことを言う場合でも、まず相手の「聞く力」を引き出してから言うことで、素直に聞いてもらえるようになります。

言いづらいメッセージを相手の心に伝えるには、相手の「聞く力」を引き出すことが欠かせないのです。

「自ら納得する力」を引き出す

これまで説明した例は、教員と学生という関係でしたが、部下が上司に意見を言う場合も基本は同様です。

「申し上げたいことがあるのですが、聞いていただけますでしょうか」と問いかければいいでしょう。いきなり「自分にも考えがあります」と大上段に切り出すより、相手の心を開くことができます。

「話しづらいことなのですが、聞いていただけますでしょうか」と断って相手の心を開き、そのうえで結論をズバッと言う必要があります。そして、結論を言ったあと、相手の問いかけに答える形でフォローアップをするのです。

特に、シビアな利害関係をかかえているときは、メッセージの「幹」と「枝葉」の区別を意識することがとりわけ重要です。そのような状況では、相手が自分の都合のいいように解釈して、肝心の幹が伝わらない場合が多いからです。枝葉から話すくせのある人はぜひ、事前に言いたいことのメモを作りましょう。

このような状況では、相手の「聞く力」を引き出すだけでは足りません。**解決すべき問題がそこにあるということを、相手に納得してもらわなくてはなりません。**しかも、押しつけられていやいや受け入れるというのではなく、**自ら**

理解し、納得してもらうという結果に至りたい。つまり、「自ら納得する力」を引き出す必要があるのです。

今まで意識したことのない、解決すべき問題点があるということを相手に納得してもらうことは、容易ではありません。「折り入ってお話ししたいことがありますが、聞いていただけますか」と言って、相手が了解したら（心が開いたら）、伝えたい結論をズバッと言ってしまうと述べましたが、そのような場合でも、相手はそれを否定したり、逆に、そんな意図はなかったと主張する可能性が大です。

そのような場合、相手に伝えるべきことは意見ではなく、どんな点が問題なのかという事実です。それが意見であれば、相手はそんなつもりではなかったと「意見の相違」を主張できますが、動かせない事実であれば、それを否定することはできません。ところが、事実と意見をごちゃまぜに伝えると、相手は意見の部分をとらえて反論してきます。この意味でも、事実と意見を峻別することは重要になってきます。

一般に、利害関係が対立する場合は、意見をぶつけ合うことは、問題解決には結びつきません。改善してほしい問題点は、事実に徹して述べる必要があります。

このようにして、相手から「自ら納得する力」を引き出すことができれば、難問解決に近づくことが可能になってきます。

さまざまな職種で求められる「伝える力」

相手から「自ら納得する力」を引き出すことは、今、さまざまな場面で求められています。たとえば、法曹関係者です。

裁判には、法の公平性維持という考え方があり、判例がとても大事です。「かつて最高裁でこんな判決が出た」という判例が、大きな判断材料になります。

しかし、相続などのもめごとを調停する際に判例をもち出して杓子《しゃくし》定規な説明をすると、心の通わない非常に機械的な印象を与え、当事者に拒否感を抱かせてしまう場合があるのだそうです。

同じ事実を伝えるにしても、「この人は私の立場を理解したうえで、助言してくれているのだ」と思ってくれれば調停案は受け入れられやすいのですが、「この人、わかってくれない」と思われたら、行きづまってしまいます。

弁護士も裁判官も、ひと昔前までは、法律用語を操ることができれば、仕事上のコミュニケーションができました。しかし、今は裁判員制度がありますから、市井《しせい》の人に日常の言葉で伝えなくてはいけません。特に、調停が必要とされる場面では、当事者から「自ら納得する力」を引き出すことが求められていると思います。

法曹関係者だけではありません。医療の世界でも、医師のコミュニケーション能力がたびたび話題になります。インフォームド・コンセントが義務づけられ、がんの告知など、患者の一生にかかわる重大問題をどう伝えるべきかな

▶「自ら納得する力」を引き出す

「結論→理由→事情」の流れを意識すると効果的

ど、医師の「伝える力」は焦《しょう》眉《び》の急の課題となっています。

国立がん研究センター東病院の臨床開発センター（現・先端医療開発センター）では、告知技術のスキルアップのために、講師の養成を行っているそうです。その講座で使われた、告知のよい例・悪い例を見てみると、よい例の中に次のようなやりとりがありました。医師が、検査の結果を患者に告げるシーンです。

「今回の検査結果について、詳しくご説明してよろしいでしょうか？　私は十分に時間をとっていますが、今日は時間はおありですか」

やはりここでも、問いかけが効果的に用いられています。これに対し、患者が「できるだけ詳しく教えていただければ……」と答えると、医師は「大変申し上げにくいのですが……」とワンクッション置いて心の準備をしてもらってから、「鎖骨の細胞から腺がん細胞が認められました」と結論を明確に告げます。

ここでも、まず相手の心を開いてもらい、「結論→理由→事情」の流れで「自ら納得する力」を引き出していくという基本に沿った説明がなされています。このような告知の仕方なら、患者は信頼感をもって治療方針の説明に耳を傾けることができる気がします。

心理的なプレッシャーがかかった状態で、人にメッセージを伝えようとすることは非常にむずかしいことです。「伝わらない!」という悩みの多くは、このようなシチュエーションで生じるものでしょう。

この章では、相手に聞く気になってもらうための伝え方について考えてきました。それをひと言で言うと、徹頭徹尾《てっとうてつび》、聞き手の立場に立った伝え方でした。

プレゼンの場合は、結論に至る最短の道筋で、1スライド1メッセージを心がけ、論理的ですっきりとしたプレゼンをすることが、話をわかりやすく伝えるうえで効果的であると述べました。

また、プレゼンの冒頭で話の幹の部分を伝えることで、話がどの方向に向かおうとしているのかを聞き手に最初に理解してもらうことができ、それによって、その後の話の展開がよりよく理解されるようになります。

後半部分では、言いづらいことを伝える、意志表示の仕方について述べました。

そもそも、相手に聞く気がなければ、伝える行為は成り立ちませんから、まずは「～についてお伝えしてよろしいでしょうか」と、相手の同意をとることで聞く気にさせる必要があります。そのうえで、最初に最も重要なことを伝えれば、聞き手は自然とそのことについてもっと知りたいと思うようになります。

伝え方に悩んでいる人たちは、自分の人間的魅力が足りないのではないかなどと、さまざまな要因を考えて思い悩んでいることでしょう。しかし、本章で述べた、相手の立場に立って聞いてもらうための工夫をすることで、相手の心を開き、「自ら納得する力」を引き出せるようになるのです。

レベル3

「人を動かす伝え方」を鍛える

――ゼロサムではなくウィン・ウィンであるために

交渉ごとが苦手な人が多いのはなぜか

レベル2の「聞く気にさせる伝え方」では、こちらが伝えたいメッセージをしっかりと伝えるためには、相手の聞く力を引き出し、それを活用することが有効であると述べました。

レベル3では、メッセージをただ理解してもらうだけでなく、それによって相手が行動を起こすことを期待する、つまり「人を動かす伝え方」について考えてみたいと思います。

そもそも、「人が動く」とはどういうときでしょうか。

それは、動くことが自分のためになる、あるいは、自分が大切に思うことの実現につながると納得したときです。相手にこちらの考えや思いを伝えた結果、その人が自ら考え、納得して行動してくれたときに、初めて「人を動かした」と言えるのだろうと思います。

「納得はできないが、従わないと困ったことになるから」と渋々動くこともあるでしょう。しかし、このような力や権力に基づく場合、人は動いてくれるかもしれませんが、納得づくで行動していないため、その人が本来もっている力が十分に発揮されません。このような状況は、動く側にも、動かす側にも、不幸な状況だと言わざるをえません。

そう考えると、**力や権力によらない「人を動かす伝え方」とは、人が自分の利益や成長のため、あるいは、大切なもののために、自らすすんで行動するようになる「心を動かす伝え方」**だと言えます。

「人を動かす」ための手段は、多種多様です。その中で最も一般的な形態は、自分の考えを伝え、相手の要求を聞き、双方向のやりとりを積み重ねることによって合意に至る「協議」や「交渉」と呼ばれるプロセスでしょう。話し合いによって相手を「説得」することも、同じカテゴリーに含まれると思います。

国語辞典によれば、交渉とは、「相手と取り決めるために話し合うこと。かけあい。談判」（『広辞苑』第六版）、「特定の問題について相手と話し合うこと。掛け合うこと」（『大辞泉』）などとなっています。一方、協議とは、「集まって相談すること」（『大辞泉』）とあります。

両者を比べてみると、**交渉は、相手と目的が明確であることが特徴です。**「誰から、何を欲しいのかが、はっきりしている」と言ってもいいでしょう。一方的に欲しいものがある場合もあるし、双方それぞれに欲しいものがある場合もありますが、欲しいものが得られれば、交渉成立となります。「交渉する」は、英語で言えば「ネゴシエート（negotiate）」。この言葉には、「切り抜ける」という意味があります。交渉は、常に利害関係のある場面で生じますから、困難も伴います。逆に、乗り越えるべき困難が存在しなければ、交渉の必要は生じません。

困難な状況をものともせず、うまく相手を御して、自分の側に有利に話し合いを進めることが交渉上手であり、極端に言えば、「交渉とは、相手を説得したり、誘導したり、ときにはねじ伏せてでも自分が得をすることだ」と思って

▶交渉と協議の違いとは？

相手と取り決めをするために話し合うこと

集まって相談すること

いる人も少なくないでしょう。また、利害が衝突し、力関係がむき出しになる場で堂々とふるまうには精神力が必要ですし、交渉を勝ち負けでとらえて、苦手意識をもってしまう人が多いのも当然でしょう。

交渉は協議よりも、ずっとタフな「伝える力」が必要な行為と言えそうです。そこで本章では、主に交渉を題材として、「人を動かす伝え方」とは何かについて考えてみたいと思います。

すぐれた交渉とは、双方がウイン・ウインになる方策を見出すこと

世の中には、強者が弱者に不利な条件をもち出し、拒絶できない状況に追い込んで、交渉を成立させることもあります。そんなケースを見ると、たしかに「交渉ごとって、最後は力なんだ」と思ってしまいそうです。

しかし、私の考えでは、このようなケースを交渉とは言いません。単なる「強要」です。

交渉の本来のあり方は、双方が納得づくで受け入れる解決法を探ることである、と私は考えています。なぜなら、そのような妥結の仕方でなければ、先々、相手とよい関係を維持できないばかりか、将来に禍根を残すことにもなりかねないからです。現時点だけを見れば、たとえ「交渉で勝った」ように思えても、長期的な利益にはつながらず、最終的には負けをつかんでいるかもし

れないのです。
辞書的な意味とは別に、私は交渉を、次のように考えています。

「交渉とは、お互いの望みをしっかりと伝え合うことで、双方がウイン・ウインの関係になるための創造的なプロセスである」

つまり、**相手をコントロールして自分の目標を達成するのではなく、お互いに知恵を出し合い協力し合うことで、共通の利益を見出し、創造的に問題解決を図る行為**です。

たとえば、子どもがおこづかいを値上げしてほしいと親に頼むとき、「あと500円ないと困るんだよ」とくり返すだけなら、それは単なる「おねだり」です。でも、「犬の散歩をするから」とか、「2学期は、絶対言われなくても宿題をするから」などと条件をもち出せば、それはもう立派な交渉です。
子どもは、「自分が犬の散歩をしたり、宿題をきちんとやれば、親がハッピーになる」ことを理解しているのです。自分の要求を出すだけでなく、相手が喜ぶことを考えたり、相手が嫌がっていることをやめて、ウイン・ウインの関係を見出そうとしているのです。これは、交渉の本質をわきまえた行為です。

または、奥さんが旦那さんに「もう少し家事を負担してよ」と切り出すときのことを考えてみてください。

奥さんは、「私だって、仕事から帰ってきて疲れているのよ！ あなたは自分勝手で鈍感よ！」と責めます。

でも、双方の言い分をしっかり聞いてみたら、旦那さんのほうにも、「本当は家事の手伝いをして妻を助けたいのだけど、洗濯の仕方や皿の洗い方にいちいちダメ出しをされるので、やる気がうせてしまった」という事情があるのかもしれません。

ならば、奥さんのほうが少し譲歩して、「夫はちゃんと洗濯を分担し、妻は家事のやり方にアドバイスはしても、文句は言わない」などと取り決めをすれば、旦那さんは動いてくれるかもしれません。いやいや洗濯をしてくれても、

▶交渉の定義とは？

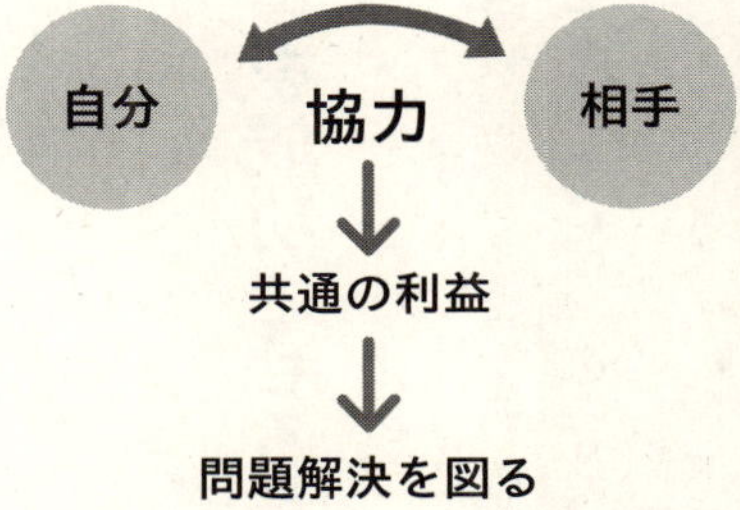

交渉とは双方が「ウイン・ウイン」になるためのプロセス

奥さんは嬉しくないはずです。旦那さんが「これなら自分もできる」と思ってすすんで洗濯をしてくれることのほうが、この先、もっとたくさん家事を負担してくれる可能性にもつながり、奥さんにとってもよりハッピーなことだと言えるでしょう。

このように、**交渉とは「ゼロサムゲーム」ではありません。ウイン・ウインの成果を創り出すことが目的なのです。**

労働組合が、会社に賃上げや職場環境の改善を申し入れたりする場合など、もっとシビアな状況であっても、基本は同じだと思います。現状と比較して、お互い、今より少しでもよい状態にする、あるいは、本来あるべき姿に少しでも近づけるために、お互いが要求をしっかりと伝え、そのうえで知恵を出し合うことで合意に至る行為が、すぐれた交渉なのだと思います。

交渉を成功させるための3つの極意

それでは、ウイン・ウインの成果を生み出すためには、どうすればよいでしょうか。そのためには、次の3つのポイントを押さえておく必要があります。

(1) 交渉は双方向の行為
(2) 交渉の判断基準は多次元的
(3) 交渉においては時間軸を意識

▶ 交渉を「ウイン・ウイン」にするための３つのポイント

1 交渉は双方向の行為

2 判断基準は多次元的

3 時間軸を意識する

前章では、プレゼンや意志表示において「伝える力」を発揮するためには、相手の「聞く力」を引き出す必要があることを述べました。

これと比較すると、交渉は双方の要求がぶつかり合う場なので、お互いが相手の言うことをよく聞いて、知恵を出し合い、助け合わなければならないのです。この意味で、交渉は双方向の行為であると言えます。

もし、交渉の判断基準が、損得という一次元的なものであれば、交渉はゼロサムゲームとなり、力づくでも相手から譲歩を勝ち取ったほうが得ということになります。しかし、判断基準を多次元的に広げることによって、思いもよらなかった方向で、ウイン・ウインの解決に至る道が開けるのです。

さらに、そのような多次元的な軸の中で、最も重要なものの一つが時間軸であるということを、指摘したいと思います。

では、これらのポイントを、一つずつ説明していきましょう。

交渉は双方向の行為である

まず、交渉の最大の特徴は、「双方向の行為である」点です。

プレゼンの目的は、自分の考えを相手に伝えることでした。そのために相手の「聞く力」を活用する必要はありますが、発表内容はもとより、相手の「聞く力」を引き出すための発表の仕方も、自分でコントロールできます。

しかし、交渉の目的は、自分の望みと相手の望みの妥協点を見出すことにあります。そのためには、相手が何を望んでいるのかを見極めなければなりません。自分の要求だけを主張しても、相手は納得しないからです。

つまり、交渉とは、自分の望みと相手の望みをしっかりと把握して、両者をできうるかぎり満たすような方策を見出そうと、知恵を出し合う創造的なプロセスなのです。

そのために、譲れるところは譲り、努力すべきところは努力するというプロセスを経ることで初めて、お互いが納得できる「落としどころ」を見出すことが可能になります。

したがって、双方向のやりとりをていねいに、段階を踏んで行うためには、次のプロセスが不可欠になります。

①自分の望みを明確に相手に伝える
↓

②相手が何を望んでいるかを見極める

↓

③双方が納得して受け入れられる妥協点を探る

自分だけでなく、相手も納得する妥協点を見出す双方向のプロセスにおいては、当然ながら「聞く力」が本質的な役割を果たします。

さらに、交渉に行きづまったときには、これまでの状況に固執し続けるのではなく、別な観点を取り入れることで、発想を大きく転換する「創造力」が要求されます。伝言やプレゼンに比べて難易度が高くなるのは、このためです。

これについては、後に詳しく述べます。

とは言っても、これまでに学んできた、**「幹と枝葉を見極める」「聞き手の力を利用する」「結論→理由→事情の順番で話す」などの伝え方の基本は、そのまま当てはまります。**

これらの基礎力を活用することで、自分の望みが相手に正確に伝わるだけで

▶よい交渉のプロセス

1. 自分の望みを明確に相手に伝える
2. 相手が何を望んでいるのか見極める

　←「聞く力」「発想を転換する創造力」が必要

3. 双方が納得できる受け入れ可能な妥協点を探る

なく、相手の望みも見極められるのです。それができると、双方の利害がどこで対立しているのか、あるいは、双方の望みがどこで食い違っているのかが自然と見えてくるはずです。

　このようなプロセスを経て、問題点が煮つまった段階までできたら、次はそれをどう創造的に解決していけばよいかを考える必要があります。

交渉は判断基準が多次元的である

煮つまった問題点を創造的に解決するためには、交渉の第2のポイントである「判断基準が多次元的である」という点が重要になってきます。

交渉の判断基準が、一次元的か、多次元的かはとても大きな違いです。**判断基準が一次元的というのは、交渉の成否を決める〝ものさし〟が1本しかないことを意味します**。たとえば、値引き交渉などがこれに当てはまります。

消費者がお店で行う値引き交渉の要求事項は、「もっと安くしてくれれば、私はこの商品を買うので、安くできますか?」というものです。

それに対してお店は、「利益率が低下しないか」「悪い前例を作ることにならないか」「値引きしなかったお客さんの信頼を損なわないか」などを総合的に勘案したうえで、値引きしてでも買ってもらったほうがよいと判断すれば値段を下げるし、そうでなければ値段を下げることはしません。

いずれにせよ、ものさしはただ一つ、「価格」です。ですから、わかりやすい。

なかでも、有名家電量販店のように、「当店の価格より安い価格で売っている店があれば、チラシ等をご提示ください。最安値で売ります」と条件を明らかにしている場合は、なおさらわかりやすいですね。判断基準が一次元的であるうえに、交渉のルールがはっきりしているからです。

しかし、判断基準が多次元的になってくると、交渉の難易度が上がります。

先の値引きの例で言えば、「こんど、炊飯器も必ずお宅で買うわ」とか、「ちょっとシミがついてるから負けない？」など、いろいろと自分に都合のよい条件をもち出して、値引き交渉をする人もいます。また、お店のほうでも、値段は下げられないけれど、この付属品をサービスする、などと新たな交渉条件をもち出すこともあります。

こうなると、**判断基準が複数になるので、それらを総合的に判断することが**

必要になります。逆に、そのような自由度、すなわち、柔軟性を利用することで、判断基準が一つの場合にはまとまらない交渉をまとめることが可能になります。

ものさしの優先順位を決める

現実のビジネスシーンで遭遇する交渉ごとは、ものさしが一つですむ、つまり判断基準が一次元的であることは、ほとんどありません。

たとえば、あなたが転職を希望しており、企業の人事担当者と面談する場合を考えてみましょう。この例は、交渉で生じるあらゆる要素を含む典型例であり、ほかのさまざまな交渉ごとにも当てはまります。

この場合、あなたには給与面や職場環境の点で希望があるでしょうし、企業側にもこんな職種に適した人を採用したいという要望があると思います。ウイン・ウインの関係になれると双方が判断すれば、交渉が成立（採用が決定）します。このような交渉が、ゼロサムゲームでないことは明らかでしょう。

このとき、あなたが「給料さえ今より上がれば、ほかのことはどうでもいい」と割り切っているなら、判断基準は一次元的なので話は簡単ですが、たいていの場合はそう単純にはいきません。多くの場合、双方で検討すべき条件が多岐にわたります。

給与と職務内容のほかにも、転職希望者にとって大事な条件は、会社の将来性、今後の事業展開、職場環境、昇進のシステム、福利厚生、勤務地などいろいろあります。人によっては、人間関係が最優先だったりもするでしょう。

また、採用する側でも、あなたの職務経歴、将来性、性格、意欲、業界にどのような人脈があり、どのような取引先をもってこられるかなど、さまざまなことが知りたいでしょうし、なにより「なぜ転職したいのか」が知りたいはずです。

何か大きな失敗をしたり、いづらくなったから辞めたいのか、あるいは自分なりのキャリアプランや業界動向への考察のもとに、転職活動をしているのか。さまざまなメリットとデメリットを見極めて、マッチングのポイントを探るわけですね。双方ともに、複雑な利害関係に直面することもあるでしょう。それらを総合的に勘案して、転職するかどうか（企業側にとっては採用するかどうか）が判断されます。

このように、**多くのものさし（＝判断基準）でメリット・デメリットを測らなくてはならないときは、ものさしの優先順位をはっきりさせることが非常に重要です。**それが、交渉における「幹」を決めるからです。

しかも、それを双方の側で行わなくてはなりません。つまり、それぞれの側で**優先順位の高いもの、妥協できないものが交渉における「幹」に当たります。**

プレゼンをするときには、自分が伝えたいことの幹をしっかり把握しておけば、ぶれずにやり遂げることができました。しかし、**交渉においては、自分と相手、双方それぞれにとっての幹を意識しながら、妥協点を模索しなくてはな**

りません。

たとえば、次のように図式化して整理してみると、わかりやすいかもしれません。

（1）自分が最も欲しているものは何か
・そのためであれば妥協してもいいこと
・そのためであっても妥協できないこと
（2）相手が最も欲しているものは何か
・そのためであれば妥協してもいいこと
・そのためであっても妥協できないこと

このように、双方にとって重要なもの、譲れないものを整理してみるのです。そのうえで、多次元的な判断基準のもとで知恵を出し合って、妥協点を一緒に探ることが交渉を成功へ導くカギであり、また、醍醐味であると言えます。

ものさしが複数あることは、交渉を複雑にする一方で、お互いが譲れない点を守りつつ、妥協点を見出す可能性を広げることにもつながります。

さらに、「ものさし」のすべてが明確になっているとはかぎらないことにも、留意する必要があります。

たとえば、経験者を急いで採用したい会社には、「前任者が突然辞めてしまったので業務に穴があき、とにかく早急にそれを埋めなくてはならない」といった事情があるかもしれません。すぐに働き始めてくれることが最優先、というケースだってあるでしょう。

また、転職者のほうでも、なぜ転職をしたいのかの動機をすべて話すとはかぎりません。なかには、不祥事を起こしたために、過去をリセットしたい人だっているかもしれません。

つまり、**利害関係がある場においては、「幹」のすべてが見えているとはかぎらない**のです。そこが、プレゼンとは質的に異なる点です。

▶ものさしの優先順位を決める

1 自分が最も欲しているものは何か

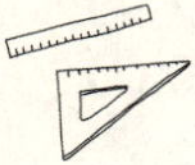

□妥協できること

□妥協できないこと

2 相手が欲しているものは何か

□妥協できること

□妥協できないこと

　プレゼンであれば、わからないことは、質問すれば答えてくれます。しかし、交渉ごとにおいては、「これ以上は話せない」という事情が存在することもあるのです。そんなときに必要なのが、「聞く力」なのです。

　そこで、次に、交渉における「聞く力」の重要性について考えてみたいと思います。

交渉力の決め手は相手の本心を「聞く力」

そもそも、「交渉力」とは、どのような力なのでしょうか。

交渉力のある人と言うと、たくみな言葉や、情熱的な態度で人を動かす人を連想するかもしれません。また、プレゼン力がすぐれていれば、交渉力もあるだろうと考える人もいるかもしれません。

しかし、私は次のように考えています。

「交渉力の両輪は、伝える力と聞く力である」

言うまでもなく、自分の要望をしっかりと、説得力をもって相手に「伝える力」は重要なのですが、交渉はそれだけではまとまりません。相手の欲するものが何かを聞き出し、理解しなくてはなりません。ですから、「聞く力」が非常に重要になります。

「聞く力」の重要性については、レベル1の伝言力のところでも触れましたが、そこで必要となる「聞く力」は、〝相手が伝えたい情報を正確に聞き取る力〟でした。しかし、交渉においては、相手が伝えたくないと思っている情報も、言葉の端や表情などから読み取らなければなりません。この意味で、交渉における「聞く力」は、レベル1で述べた「聞く力」の応用編と言えます。

相手の話をよく聞く必要があるのは、相手の望みを見極めるためです。したがって、**交渉で相手の言い分を聞くときには、幹にも枝葉にもじっくりと耳を傾ける必要があります。**

それは、幹が隠れていることもあり、また、本人自身ですら気づいていない本心が、枝葉に現れることもあるからです。

このように、交渉をまとめるためには、マニュアル通りの進め方ではだめで、「伝える力」と「聞く力（あるいは相手の本心を読み取る力）」を総動員しながら、双方の要求の幹の部分を犠牲にしないように、話を前に進める必要があるのです。

したがって、**交渉を成功させるためには、物事の本質（幹）を洞察して、それを複数の判断基準に照らして、総合的に判断していく力が要求されます。**

相手の話をじっくりと聞くことの第一の目的は、相手の希望や本心を見極めることですが、これと同じくらい重要なことがあります。それは、**話を真剣に聞くことによって、相手のことをよりよく理解したいと願うこちらの誠意が伝わるということ**です。

この章の冒頭で、交渉はウイン・ウインの関係を築くことだと述べましたが、そのための第一歩は、お互いの信頼関係を構築することです。相手の話を途中でさえぎることなくじっくりと聞くことは、そのために欠くことのできない入り口なのです。

交渉の過程で、こちらの要求がそのまま通ることはめったにありません。し

▶交渉における「伝える力」と「聞く力」

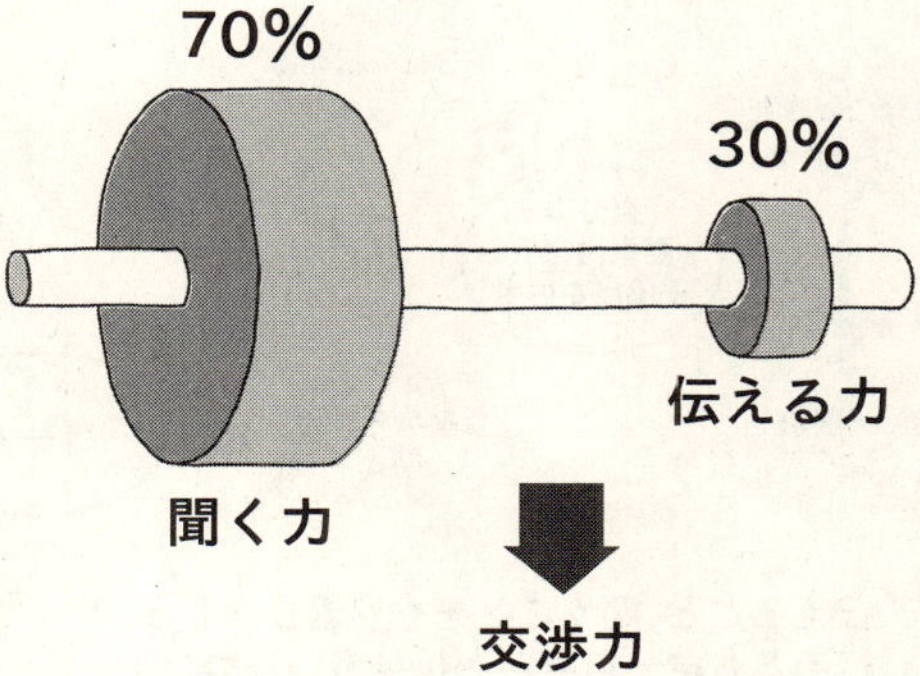

かし、自分の言い分に真剣に耳を傾けてもらえたという実感は、結論を納得して受け入れることに、大いに貢献します。これは、前章で述べた、「自ら納得する力」を引き出すことの応用と考えられます。

ですから、**交渉における「伝える力」と「聞く力」の配分は、実は3対7ぐらいで「聞く力」のほうが、大きなウエイトを占めます。**

ただし、ここで重要なのは、そんな大切な「聞く力」も、それ単独では機能しないということです。

なぜなら、相手の話を聞いたうえ

▶交渉が成立するためには

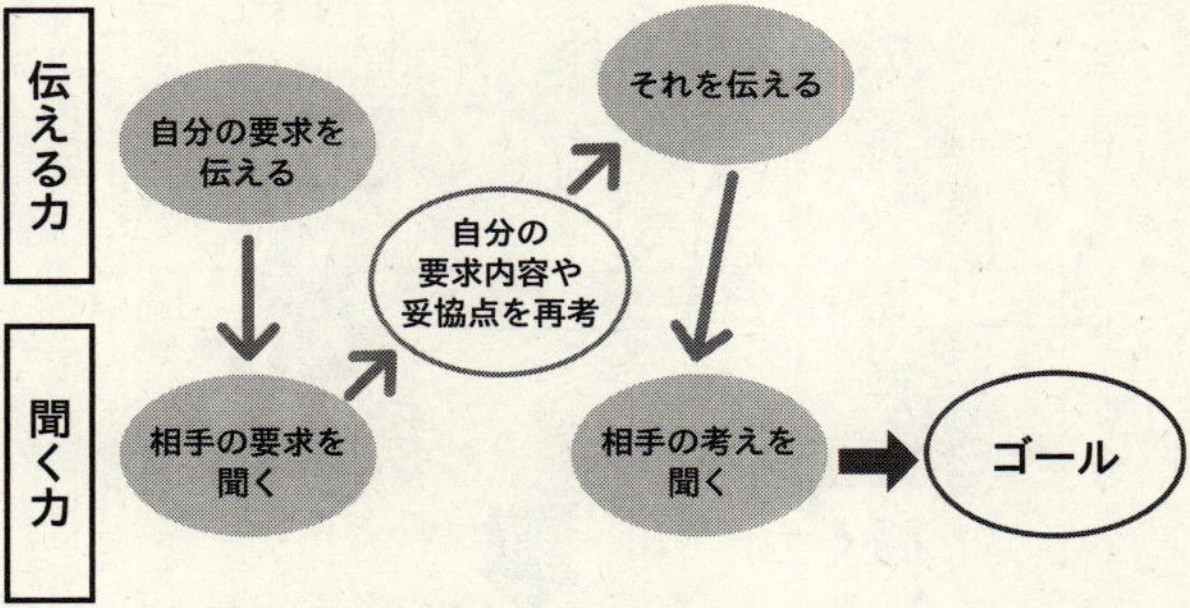

伝えること、聞くことをくり返しながら、相手とも自分自身とも折り合いをつける

で、こちらの要求の幹の部分を明確に伝える必要があるからです。交渉においては、「伝える力」と「聞く力」が車の両輪のように互いにバランスをとりつつ、その役割を果たすことが必要なのです。

交渉が成立するまでのプロセスをまとめると、次のようになります。

「自分の要求を伝える」→「相手の要求を聞く」→「それをもとに、自分の要求内容や妥協点を再考する」→「それを伝える」→「相手の考えを聞く」。

このサイクルが、交渉をゴールへと導いてくれます。

このような過程を経て見出された譲歩や妥協は、決して「負け」でも「損」でもありません。伝え、聞くことをくり返しながら、共同作業でたどり着いたクリエイティブな「解決策」なのです。

交渉を進める人は、このような「伝える力」と「聞く力」の往来のプロセスを経ながら、**相手と折り合いをつけていくと同時に、自分自身とも折り合いをつけることになります**。

100パーセント希望がかなうわけではないけれど、お互いが納得できる到達点を共同で見出すことで交渉を成功に導くプロセスは、交渉当事者に達成感をもたらすものなのです。

双方のモチベーションを高めるために

交渉には、お互いの「交渉したい」というモチベーションが同じ場合と、違う場合があります。先ほどの転職の例では、採用したい、採用されたいという双方のモチベーションがつり合っていました。しかし、そうではないケースも数多くあります。

たとえば、同じ転職の場合でも、ヘッドハンティングの例を考えてみるといいでしょう。

企業と同じように、研究者の世界でも、常にヘッドハンティングが行われています。ある大学で、他大学の有能な研究者に教授として来てもらいたいと、白羽の矢を立てたとします。それとなく意志を探ってみたところ、その人のほうでも魅力を感じているらしい。しかし、現在の家庭の事情もあり、今すぐに異動したいというわけではなく、条件が整った時点で考えたいということのようです。この場合、明らかに両者の間には、モチベーションに差があります。

このような状況では、相手によりハッピーになってもらう条件を多面的に提示しなくては、成功しづらいでしょう。給与面だけ、あるいは職務内容面だけではだめで、複数のメリットを提示しなくては心が動きません。

たとえば、現在、単身赴任で家族と一緒に生活できない人に、それを可能にする勤務条件を提示したら、それはとても大きなインセンティブ（動機づけ）になるでしょう。実際、配偶者と同じ地域で働けるという条件が提示される場合もあります。

研究者の場合には、「教授として来ていただけるのであれば、准教授と助教を先生が選んでください」というオファーもありえます。教授のリーダーシップが発揮しやすい、最適なチーム作りをしてくださいというオファーです。会社の場合であれば、部下を何人かリクルートしてよいというオファーがこれに相当します。

このように、相手の望みを重層的に分析して、ハッピーになってもらう条件を割り出し、それをどこまで満たすことができるかという、相手にとっての話の幹を伝える。それでもモチベーションの差を埋められない場合は、オファーを受けられない理由が何なのかをしっかりと聞いて、理解する必要があります。そして、理解した要求項目に対して、こちらがどこまで対応できるかを把握したうえで、できることとできないことを明確に伝える必要があります。

この聞き取りの過程においては、相手の何気ないひと言から、相手の要求の幹の部分を洞察することも要求されます。

たとえば、給与のことを直接口に出したくない場合は、子どもを塾に通わせるのが結構大変で……というように、間接的に伝えてくるかもしれません。そのとき、給与はこれ以上アップできないけれど、社宅は用意できるなど、こちらの手もちの駒の範囲内で、相手の要望をできるかぎり満たす工夫が求められるのです。

この例からも、交渉においては、「伝える力」と「聞く力」の両方が重要なことがわかります。

さらに、ここでは「質問力」が真価を発揮するようになります。

「質問力」は、相手の考え方や本心を引き出したり、ぼんやりと意識していることを明確化するうえで有効です。よい質問は、思いがけない方向性や本音を引き出すことにもつながり、モチベーションギャップを乗り越えるきっかけと

なるからです。

こちらのもち駒の範囲で相手の要望をできるかぎり満たす最適化をはかるためには「考える力」が必要です。しかし、それでも話がまとまらない場合は、質問力を使って、これまで考慮してこなかった交渉材料がないかどうかを確認するなど、発想の転換を促すような「創造力」が大切になってきます。すなわち、交渉軸を増やす（多次元化する）と言ってもよいかもしれません。

たとえば、「給与面と職務内容についてはお話ししましたが、そのほかに知りたいことはありませんか」と質問して、相手が質問してきた話題について、より深く理解するように努めるのです。その過程で、これまでとは違った、交渉成立につながる新たな視点や発想が生まれてきます。

このように、クリエイティブに話題を展開していく作業は、困難な交渉ほど重要になってきます。その際にとても大切なことは、先に述べた第3のポイントである「時間軸を意識する」ことです。

時間軸を意識することで打開策を見出す

交渉において、本質的に重要なことは、状況が時々刻々変化するということです。交渉をしていくうちに、周辺状況はもちろん、相手の心理も変化する可能性があります。

先のヘッドハンティングの場合も、最初は興味を示してくれなかったのに、何かのきっかけで、どんどん興味をもってくれるということも起こりえます。逆に、当初は予期しなかった状況が生じる可能性もあります。たとえば、ライバル社が登場したり、家族の状況に変化が起きたりした場合です。

交渉にあたる人は、そんな変化の中でも、どこまでは譲ることができ、どこからは譲ることができないかを、自分でよく理解していなければなりません。交渉の判断材料となるものさしの優先順位を、しっかりと決めておく必要があるのです。そうでないと、何が交渉可能な材料で、何が妥協できないことなのかがわからなくなり、そのつど「社にもち帰って検討します」ということになってしまうからです。

逆に、交渉担当者はそのようなことにならないように、あらかじめいろいろな状況を想定してシミュレーションを行い、自分で決めてよい裁量の自由度をできるだけ大きくして交渉に臨むべきです。権限をもたない人とは、相手も真剣に交渉してくれないでしょうから。

交渉は、いわば生き物のようなもので、状況が時々刻々変化していきます。**交渉をうまく乗り切るためには、変化に応じて適切な落としどころを見極める必要があります。**

また、「交渉したい」というモチベーションに差がある場合でも、こちらは強いモチベーションをもっているのに、相手はそれがゼロというときは、さらに交渉はむずかしくなります。

たとえば、「私は職場環境に恵まれ、同僚や部下にも恵まれ、自分の思った通りの仕事ができ、成果も出ています。現状に満足なのです」という人に、「うちに来ませんか」と言っても、説得できる可能性は低いです。ところが、引き抜く側としては、そのように充実している人こそ欲しい。

これはかなり高度な技術になりますが、**交渉で行きづまったときには、まったく別の観点を導入することで、場面を大きく転換できる場合があります。**たとえば、こうです。

A「あなたが今、とても満足して活躍されているのはよく理解しています。しかし、あなたは今40歳ですね」

B「ええ、そうです」

A「今の年齢ならば、そちらにいらっしゃるのが最適だと思います。しかし、何歳までそこで働けますか」

B「50歳ぐらいまでです。その後、みな転職しています」

A「50歳目前で転職された場合、過去の例では次のポストはこれこれです。

▶時間軸を意識する

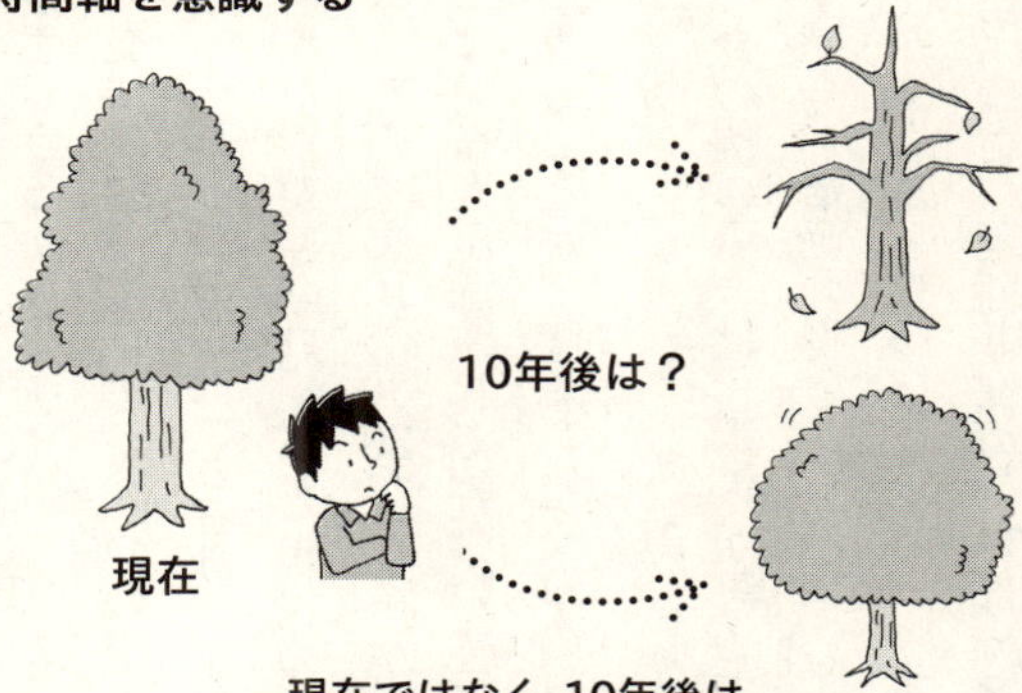

現在ではなく、10年後は
どうなっているのかを想像してみる

でも、今の年齢で移られた場合、こんなポストに移ることができ、10年後にはこうなります。残念ながら50歳を超えると、私の組織にもいろいろな考え方がありますので、採用しづらくなるかもしれません。しかし、今ならば、本当に油が乗り切った状態で、まわりの人もみな納得してお迎えできると思うのですが、いかがでしょうか」

このように、**まったく別の視点を導入するときには、時間軸を意識するこ**

とが重要です。なぜなら、**未来を意識することで、「幹」の見方に大きな変化が生じうる**からです。

交渉において重要な3つのポイントのうち、実はこの「時間軸を意識する」ということこそが、「人を動かす伝え方」の要《かなめ》と言ってもいいかもしれません。

私たちが、今見ている現在の幹には、葉っぱがたくさん茂っています。でも、このまま10年、20年たったとき、その木はどう変化するだろうか？　そこには、当人が意識していない状況の変化が生じうるのです。それを具体的に提示することが、膠着《こうちゃく》した交渉の打開につながり、人を動かすことにもつながるのです。

今の例の場合は、本人が思っていなかった10年後のことを考えてもらうのです。今、活動の拠点を移せば、これからさらに20年のキャリアを積み上げることができると気づいてもらう。本人が気づいていなかったメリットを示すことによって、判断基準の幹の部分をがらりと変えてしまうのです。

人を動かすためには、誠実さが必要

交渉において大切なのは、本気で相手の立場に立ってメリットを考え、それを伝えることができるかどうかです。先のことはどうなるかわからないから、多少誇張しても嘘にはならないとか、そんな考えではよい交渉結果につながりません。

甘い言葉でおだてたりするのではなく、あくまで事実に基づいて伝えるのです。ここでも、「事実と意見を峻別する」ことが大事です。これをきちんと踏まえていれば、相手が「この人は客観的に見て、私のためになることを提案してくれている」という信頼関係を構築することができます。

事実に基づいた提案と言うと、ときにはシビアな指摘になるかもしれません。本人にとっては指摘されたくない事実を含むかもしれません。しかし、それが今はつらい指摘でも、将来的には役に立つ指摘だと思えば、受け入れてくれるはずです。先の例で言うと、40歳と50歳では、マーケットのニーズと評価が、がらりと変わりうるという事実がそれに相当します。

このように、**交渉に必要な誠意とは、論理性、客観性に裏づけられた誠実さです**。「あなたにほれ込みました！」とか、「社長も専務も熱望しているんです！」というような熱意は、それを手段として用いているかぎり、心を動かすものではないと思います。誠意として伝わって、初めて心が動くのです。

自分の人生設計を真剣に考えなくてはならないとき、他人の熱意や感情は二次的なものでしかありません。本人にとってのメリットを考え抜いて提案する。それが納得できる提案であれば、あとは相手がそれをどう判断するかだけです。

それでも、「やはり、私は今の会社の社長に恩義があるので、転職はできません」という結論が出るかもしれない。そうしたら、交渉はいったん「詰み」です。それ以上のことをしてもうまくいきません。けれども、その人の未来を考えて、交渉者が努力をしたという事実は、相手の心の中に残ります。そのことが数年後、別のチャンスにつながるかもしれないのです。

一方、**相手の立場に立って考える思いやりが足りないと、交渉が終わっているのに終わっていないと思ってごり押しして、信頼を失う危険性もあります。**

どんな結論であれ、本人がそれを納得して受け入れてくれるのでなければ、交渉がまとまっても関係は長続きしません。無理のある提案、説得のための提案で、無理やり条件を飲んでもらうことは、長期的には決してよい結果をもたらしません。

交渉相手と未来を共有する

このようなときは、時が熟するのを待つことが重要で、急ぐと決裂してしまい、まとまるものもまとまらなくなります。

たとえば、ヘッドハンティングの話をもちかけたところ、相手が「興味はあるが、今年、子どもが小学校に上がったばかりなので、引っ越しは避けたい」という理由で断ったとします。そのような場合は、無理に説得を試みず、関係を保ったまま、時の経過を待つのです。すぐれたヘッドハンターは、そのあたりの呼吸をよく心得ています。

すると、何年か後に、予期せぬ理由で、状況が一変する可能性もあります。たとえば、子どもが学校で友だちとうまくいかないなどの理由で、環境を変えてみたいという状況です。そのとき、もし相手が「あの人なら、私と一緒に解決策を探してくれそうだ」と思ってくれていれば、ここで新たな展開が開けるかもしれないのです。

時間軸を意識した交渉とは、言い方を換えれば、相手と未来を共有することです。この場合の未来は、相手の家族の未来のことでもあるのですから、なおのこと、強い信頼関係がなければなりません。

ただ、急いではいけないといっても、ビジネスシーンにおいては交渉の期限が定められており、急がなくてはならないことも多いでしょう。そんな場合は、最初に「これは、〇〇月いっぱいで結論を出す必要のある案件です」と相手に伝えておくのがよいと思います。

期限のことにかぎらず、最初の段階で言えることは言っておくのが、信頼関係を築くうえでも大切です。よく、「腹の探り合い」などと言いますが、こちらが腹の探り合いで情報を小出しにすれば、相手も同じことをします。そういう状況がウイン・ウインの結果につながるかというと、たぶんそうではありません。

もちろん、決して相手に漏らしてはいけない情報もありますが、それ以外は特に隠す必要はないでしょう。情報を小出しにする態度を見て、相手があなたに不信感を抱くかもしれませんし、それでは交渉を前に進めることを困難にするだけです。

ここでは、転職やヘッドハンティングの例を取り上げましたが、ここで述べた交渉の3要素――伝えることも聞くことも重要という双方向性、判断基準の多次元性、時間軸を意識することは、どんな交渉ごとにとっても重要な要素であり、「伝える力」で「人を動かす」ための基本なのです。

立場が不利な場合にどう切り出すか

以上の例は、交渉をもちかける側と受ける側が対等か、それに近いケースでした。しかし、社会的に見て、あるいは力関係のうえで、下の立場の人が上の立場の人に交渉する、しかも、相手のモチベーションがゼロなのに、こちらは現状を変えてもらわないと困るといった、さらにむずかしい局面もあります。

具体的には、上司からなんらかのハラスメントを受けている人が、態度を変えてくれるように談判するときなどがそれにあたります。

大学などにはハラスメント防止委員会がありますし、企業にも倫理委員会があって、ハラスメントがあったと申し立てをすれば、調査や審議を経て、対策を講じるシステムができているところもあります。しかし、そのようなシステムが構築されていないところや、うまく機能していないところもあるでしょう。また、できればそのような訴えを起こすことなく、解決したい場合がほとんどだと思います。さらに、小さな組織でハラスメントを受けて、一人で解決するしかないときもあるでしょう。

こんなときには、どうすればよいのでしょうか。なんらかのハラスメントを受けている状況を考えてみましょう。

自分はその事態に困惑しており、相手に変わってほしいと思っている。でも、上司や先輩なので言いづらい。こんなとき、最も陥りやすいのが、相手の立場を考えたり、傷つけたくないと思った結果、もってまわった伝え方をして、結局、言いたいことが伝わらず、事態が改善しないというケースです。

相手は鈍感だからハラスメントをやっているわけなので、やんわりと伝えたつもりが、ひょっとしたら、自分の都合のいいように解釈されてしまう可能性もあります。遠まわしに言って、言いたいことが伝わらないと、問題は何も解決しません。

ハラスメントに対しては、「いやですから、やめてください」と、幹の部分をはっきりと意志表示をすることが大切なのです。これは、極めて交渉に近い行為です。

この場合、最初に「やめてほしい」という要求を明確化して、それが妥協のできない交渉条件であるということをはっきりさせたほうが、双方にとってよい形で事態が収拾するのではないかと、私は思っています。

ただし、そのような意志表示をする場合は、「事実と意見を峻別する」ことが、非常に大事です。「私は課長の発言によって精神的苦痛を感じ、その結果、集中力が落ち、業務に支障をきたした」というのは事実です。しかし、「課長の発言は時代遅れで、神経を疑います」といった発言は、意見に属すると考えたほうがいいでしょう。また、「友だちに聞いても、そんなことを言う上司なんて聞いたことがないと言われました」などということは、付帯情報にすぎず、利害が対立している場面でもち出すのは得策ではありません。

もちろん、はっきりと意思表示しても、鈍感な人は態度を改めないかもしれませんごまかされたり、こちらの要求を突っぱねられるだけかもしれません。でも、自分が望む結果が得られなかったとしても、交渉をもちかけたことで、現状を変えようとした事実が証拠として残ります。そして、その事実は、不幸にも公の場での争いに発展した場合の、重要な証拠となるのです。

ですから、一度で終わりと考えず、諦めず、粘り強く交渉することが大切です。その過程で、事態が好転する状況が生じるかもしれないのです。

ここでも、時間軸を意識することが重要になってきます。

交渉のスタイルは一人ひとり違う

このように、交渉は一直線には進みません。互いに、そして、自分と折り合いをつけるために、行きつ戻りつするものです。

私が今までに出会った、交渉のうまい人たちの共通点は、焦らず、じっくりと、冷静に交渉を進めることでした。雄弁さに勝るということもありません。しかし、最終的な落としどころが最初から見えていたかのように、何も強制せず、自然に、期限内に、みんなが納得してそれを受け入れるようにもっていくことのできる方たちでした。

これらの人々に共通している点が、3つあります。

まず、穏やかな話し方ができ、包容力を感じさせるということ。2番めに、相手の話をよく聞いて、相手が問題だと思っている点をしっかりと受け止める「聞く力」をもっていること。3番めに、口にする意見が決して押しつけがましくなく、それでいてその意見に従うことが、結局はより大きな、あるいは長期的な利益にかなうことであると感じさせるものであること。つまるところ、**交渉とは、相手が「自ら納得する力」を引き出すこと**なのだと思います。

交渉ごとや話し合いの場面において、そのような方が仲介役を務めていると、利害が鋭く対立するような厳しい局面においても、最後はすべての出席者が納得するような結論に導かれる様子を見て、いつも感心します。このように考えると、交渉は全人格が試される場であると言えるかもしれません。

一見、遠まわりに見える過程を、合意が得られるまで、粘り強く諦めずにがんばれるか。「考える力」と同様に、**「伝える力」にも最後は、困難な交渉を最後までやり遂げる「諦めない人間力」が必要**になってきます。

面白いのは、先に述べたすぐれた交渉力をもつ人たちも、具体的な交渉のスタイルは人それぞれだということです。マニュアルのような決まった型はないのです。深い信頼感を感じさせ、相手の懐《ふところ》にすっと入ってしまう人。風変わりな発言でみんなをぐっと惹きつけ、ある種の迫力で結論にもっていく人。落としどころは同じでも、そこに至る道は千差万別であり、それは交渉者の個性にゆだねられていると言えるでしょう。

ですから、ここで述べた基本を守りながらも、一人ひとり、自分に合った、あなたらしい交渉のスタイルを徐々に確立していくことが大切なのです。

雄弁でなくてもよい交渉はできる

最後に、映画の話を一つして、本章をしめくくりましょう。

高倉健が主役を務めた『南極物語』という映画があります。昭和31年の南極観測隊とカラフト犬のタロ・ジロの実話を下敷きにした映画です。高倉健の役どころは、地質学者・潮田で、観測隊では犬の世話係を任されていました。しかし、観測隊は悪天候のためやむなく犬を連れて帰ることを断念し、犬を鎖につないだまま出港してしまいます。このことは、世間から厳しい批判を浴びました。

潮田自身は、犬を置き去りにすることに反対でした。彼は帰国後、大学の職を辞し、犬たちの飼い主だった家を一軒一軒たずねて、おわびをして回ります。

「リキ」という名の犬の飼い主だった少女を訪れたとき、少女は強い怒りを潮田にぶつけます。潮田が「代わりに飼ってあげてほしい」と連れていった犬を押しやり、「リキを返して！」と泣きじゃくります。

このとき、潮田は、やや肩を落とし、押しやられた犬に無言で触れているだけです。

今までおわびをしてきた家では、大人たちが観測隊の苦境を察して穏やかに対応してくれましたが、少女だけが潮田に正直な気持ちをぶつけたのです。ひと言も弁解せず、無言で犬に触れている潮田の姿に、言葉にならない深い苦悩を見る思いがしました。

その後、少女が突然、この前連れてきてくれた犬はまだいるかと、潮田のもとを訪れてきます。「私たち、やっぱり犬を飼うことにしたんです」――。潮田の気持ちが、少女に伝わったのですね。

高倉健自身、エッセイで「本当に嬉しい、もしくは悲しいと感じたとき、人は嬉しいとか悲しいなんて言葉を口にするでしょうか。僕はしないと思う。声も出ないんじゃないか」と書いています。

これは、高倉健そのひとの人物像と演技があいまってこその、迫真の効果を生み出した例だと言えるでしょう。ほかの人があの肩の落とし方や、軽く見えるおじぎをまねしても、心にしみる効果は出なかったでしょう。

潮田は、一度で少女の心を動かすことはできませんでした。しかし、このとき彼が示した無言のしぐさが、時を経てゆっくりと少女の心を動かすことにつながったのです。自分の悲しみを受け止めてくれたんだと少女が納得したからこそ、和解が訪れたのだと思います。

たくみな言葉を用いなくても、ずば抜けて有利な条件をもち出さなくても、本当に相手の立場に立って考え、相手の言葉を受け止める。そして、なによりも相手のつらさや悲しみを共有することで、真心が伝わるのです。

「人を動かす」というむずかしい行為の底には、やはりそのような真心がなくてはなりません。それがあれば、無言の行為によって意志や気持ちを伝えることも可能なのです。

補講

「人を育てる伝え方」を鍛える

――「教育」と「子育て」を通して「生きる力」を養う

「人を育てる伝え方」は総合力

これまでにお話ししてきた「伝える力」を鍛えるポイントは、せんじつめれば次の2点に集約されます。

（1）何を伝えるべきかを立ち止まって考える
（2）自分らしさを保ちながら伝える

この2点を大事にしながら実践を重ねることで、「伝える力」は確実にアップします。口下手だったり内向的といったこととは関係なく、誰にでも自分に合った伝え方を身につけることは可能なのです。

そして、これらの総合力が試されるのが、「人を育てる」場面でしょう。

大学に奉職するものとして、教育の場で「伝える力」がどれだけ重要な役割を果たしているかについて、最後にお伝えしたいと思います。

しかし、教育には（このあとに述べる子育てではなおさらですが）、正解はありません。本章はあくまで、現時点での私見にすぎません。「伝える力」を教育に応用するための参考として読んでいただければ幸いです。

励ます、ほめる、叱る

教育機関にかぎらず、企業においても、人を育てることは非常に重要です。そのための伝え方に苦労しておられる方も多いことでしょう。

励ます、ほめる、叱る――。いずれも相手のことを思えばこその行為ですが、それで思いがストレートに伝わるとはかぎりません。私も失敗の連続ですが、そんな経験を通して、次の2点がいかに大切であるかが、わかるようになりました。

（1）改善してほしい点を、理由を添えて具体的に伝えること

（2）時間軸を意識して、未来志向で伝えること

励ますときには、「がんばれ」という言葉がよく使われますね。最近は、「プレッシャーになるから、あまりがんばれと言ってはいけない」という風潮もあります。しかし、大事なのは、がんばれという言葉を使うか使わないかではなく、**「何をどうがんばればよいか、その理由と方法が具体的に伝わるような『がんばれ』なら、効果がある」**ということです。

ただ単に「がんばれ」と言うのではなく、どういうところをがんばるのか、また、がんばると先々どんなよいことがあり、どんな成果に結びつくのかが具体的にわかるような励まし方をすれば、相手への伝わり方がグッと違ってきます。特に、「この人は、私のことをちゃんと理解したうえで励ましてくれてい

るんだ」ということが相手に伝われば、「がんばれ」は血の通った励ましの言葉になります。

ほめるときにも、同じことが言えます。なんでもほめていいのは、ごく小さな子どものときだけです。小学校高学年にもなれば、おざなりなほめ方では見抜かれてしまいます。まして大学生になれば、なんでもほめるとかえって喜びません。ですから、ときどき的を射たほめ方をするのが一番よいのです。

ほめるタイミングというものはかなりむずかしく、私もあまり得意ではありません。天性のほめ上手という人がいますが、とてものようにはできません。それでも、経験から、**「育ってほしい、伸びてほしい方向を明確に意識しながら、具体的なポイントをとらえて」ほめると効果がある**と実感しています。

学生を見ていると、「この特長を、さらに伸ばしてほしい」と思うことがあるものです。学生が、その方向で努力しているときにうまくほめてあげると、とても効果的です。「この人は自分の持ち味を理解して、それを伸ばしてくれようとしているんだ」と感じるからだと思います。ほめてあげることによって、学生自身が自分の持ち味を明確に意識する助けにもなります。

この、「持ち味を見出し、それを引き出し、伸ばす」という感覚が伝わるかどうかが、励ましたり、ほめたりするうえでの大きなポイントです。

「叱る」についても同様で、改善してほしい点を**具体的に伝えることと、その人の今後のキャリアを含めた、時間軸を意識して行うことが大切**だと思います。

誰でも知っている通り、「怒る」と「叱る」は違います。「怒る」は自分が腹を立てているだけ、「叱る」は相手のためを思って叱るわけですね。そして、上司が大きな声を出したとき、単に苛立って怒っているのか、部下のことを思って叱っているのかを、部下は直感的に理解します。「部長は今、機嫌が悪い」などと言われる場合は、前者をさしていますね。同じことは、親子関係においても言えます。

叱り方はむずかしく、たいていはうまくいかないというのが私の実感です。

▶人を育てるために

①改善してほしい点を具体的に伝える
②時間軸を意識して、未来志向で伝える

できれば、叱らないほうがよい。少々問題があっても、目くじらを立てず温かく見守ることで、時間をかけてわかってもらえれば、それに越したことはないでしょう。言うとしても、「〜したほうがいいんじゃないですか？」と、そのアドバイスを受け入れるかどうかは、相手の判断にゆだねるような言い方にしたほうが、結局は相手に伝わる助言になると思います。

ただ、現状のままでは悪いほうにしか向かわないと確信する場合は、そのことを冷静に、かつ率直に伝える、叱るというより諭すという感じで、伝えなくてはならない場面が生じることもあるでしょう。

声を荒らげると、相手は心を閉ざすか思考を停止してしまう恐れがあるので、伝わりにくくなってしまいます。問題だと感じるポイントを立ち止まってよく考えたうえで、冷静、かつ率直に伝える、そして、最終判断はあくまで相手にゆだねるという態度が、相手が自ら納得する力を引き出すことにつながるのです。

教育とは可能性を引き出すこと

励ますのもほめるのも叱るのも、相手の秘められた可能性を引き出すためです。**教育とは、相手の可能性を引き出すこと**なのです。自分がすでに身につけていることを相手に教えるだけでは、教科書を自分で読むことと同じになってしまいます。

ですから、学生に助言するとき、自分の経験から助言するだけでは、十分な効果を生みません。それよりも、対話を通じて相手が自ら問題点に気づくための手助けをしてあげることのほうが重要だと思います。

私の研究室には、私が指導できるテーマであれば、何を研究してもよいというルールがあります。ですから、学生はかなり自由にテーマを選ぶことができます。

しかし、多くの学生は、自分が本当に何をやりたいのかが、はじめはわかっていません。直感的にはわかっていても、経験不足のために、それを明確に意識化することができないのです。ですから、話をよく聞き、対話をくり返しながら、その学生が本当に望んでいることを見極めたうえで「これがやりたいんじゃないですか」と助言することにしています。

このような助言をすると、自分が本当にやりたかったことが明確に意識できます。この段階にきたら、私は、やりたいことを実現するにはどんな方法があるかを、経験に基づいて助言することができます。そのあとは、相手を信頼して任せる。

人は、単に指示を出すのではなく、認めて任せることによって伸びる場合がとても多いのです。何も判断せずに「君に任せるよ」では、相手は途方に暮れてしまいます。

でも、「君のこんなところに期待しているから、これをやってごらん」と背中を押してもらえれば、「ちゃんと見ていてくれて、評価してくれているんだ。その期待に応えたい」という気持ちが自然とわいてくることでしょう。

自分が変わってこそ相手も変わる

可能性を引き出すうえで、最も重要な助言の一つが、「疲れたら休め」ということです。

研究は、極限まで考えなければならない仕事です。スポーツ選手ががんばりすぎると体を壊してしまうのと同じように、研究者も無理をしすぎると、体だけでなく脳もダウンしてしまいます。まじめな人ほど、もっとがんばらなくてはと無理を重ねて空回りして、最悪の場合、精神的にダウンしてしまいます。

だから私は、「墜落してはダメ元も子もなくなるので、そうならないためには、今、休まなくてはいけません」と助言しています。飛行機はどんなに低空飛行しても墜落さえしなければ、また風が吹いてきてそれに乗って高く飛べるようになるのだと。

相手のポテンシャルを引き出すために何ができるかを一生懸命考え、それをどう伝えればよいかを考えることで、実は自分が一番成長できるのかもしれません。

教育において、相手に何かを伝えるためには、自分自身がそれができるように成長しなければなりません。もし、今まで伝わらなかった助言が伝わり始めたとしたら、それは自分自身が成長し、相手の立場と心の働きが理解できるようになったからなのだと思います。

人が育つアドバイスを与えるためには、その人のことがよく見えていなければなりません。つまり、自分の心が人の心を映す鏡にならなければならないのです。そのためには、私利私欲から離れ、アドバイスを相手に伝える自分自身を客観的に見つめる鍛錬が必要になってきます。

このように、よりよく「伝えられる」自分を作り上げる努力を通じて、相手とともに自らも成長することができるのです。

子育ては最大の難関

教育における伝え方には、万人に通じるマニュアルはありません。しかし、レベル3までの積み重ねがあれば、最低限のことはできるでしょう。立ち止まって問題点を整理したり、質問力によって、相手が気づいていないことに気づかせてあげたりすることができるからです。

ところが、子育てになると、たいていは伝わらない。伝わったのかと思っても、あとで「ぜんぜん伝わっていなかった」と愕然《がくぜん》とすることのくり返し。ほめ方、叱り方などの工夫は、親ならば誰もが経験ずみでしょう。けれども、肝心なところへくると、その努力があまり役に立っていないことに気づかされることは日常茶飯事です。

子どもほど、親をありのままに見ている人はいません。だから、何かを言ったとき、それが本心からなのか、言葉だけなのか、一瞬で見抜かれます。真実味のない助言は、通用しないどころか、反発すら招きかねません。

何度もくり返しているように、「伝える力」のポイントの一つは、「個性を大事にしながら、思いを伝える」ことですが、子どもには親の個性のよいところも悪いところもありのままに伝わっているのだと思います。小さいときは、それを無条件に受け入れてくれますが、思春期になれば、嫌なところが拡大して見えてきます。

未熟な子どもに比べ、親は冷静に、理性をもって未来を見渡し、助言しているつもりでいます。しかし、実際は、お互いに理性が吹き飛ぶほどの感情のぶつかり合いが生じてしまう。それは、なぜなのでしょうか。

親は子どもが何歳になっても、子ども扱いしがちです。しかし、子どもの心は日々変化し、成長していきます。今日のわが子は、昨日のわが子とは違うかもしれない。子どもの成長は早く、親の意識がそれについていくのは簡単ではありません。そのギャップに対する不満は、常に子どもの側のほうが大きく、それに気づかない親との間に軋轢《あつれき》が生じます。また、そのことを頭では理解できていても、実際に一人の独立した人間としてわが子に接することは、親にとっては容易なことではないのです。

このように考えると、**子育てにおける問題は、親が自分自身と折り合いをつけなければならない交渉ごとであることがわかります。**

10年後、20年後も、子どもと対等に話ができる関係を作りたいのか、それとも、それを犠牲にしても、今、目の前のわが子に自分の言うことを聞かせたいのか。もし後者を強制したら、もしかしたら10年後には、口もきかない親子関係になるかもしれない。そういうことは珍しいことではないのです。おそらく、子育てにおいてこそ、時間軸を意識することが最も重要なのでしょう。親は、今、伝えたい。でも、伝わるのは、親が死んだあとかもしれない。

子育てにおいては、たぶん言葉では何も伝わらない。親の言葉を聞いてもらえたとしたら、それは、言葉ではない思いがまず子どもに伝わって、親の言葉を受け入れる心のドアが開かれていたからなのだと思います。

子どもの「伝えたい」気持ちを素直に受け止める

たいていの親は、子どもの話を冷静に聞けません。子どもがひと言いえば、十言ぐらい言い返してしまいます。とかく親は、子どもを理づめで論破してしまいがちですが、その行為は、子どもの心の成長にとって何の意味ももちえません。反論できないと思った子どもは、「何を言っても無駄だ」と心を閉ざしてしまうだけだからです。

むしろ、子どもの言葉をさえぎりたいという思いをぐっと我慢して、子どもの言葉に耳を傾ける努力をすれば、親子の風通しははるかによくなると思います。

最近、こんな話を聞きました。今年、大学に入学した男子学生の話です。

彼は自宅からちょっと離れたキャンパスに通っており、片道2時間かかるのだそうです。1学期の間通学してみて、本人は「通えないわけではないが、かなりつらい」という結論に達しました。サークル活動や友だちづき合いが不十分になるし、試験前に図書館で勉強するにしても、早々に切り上げなくてはなりません。アルバイトもできません。

そこで、彼は親を説得して、下宿生活に同意してもらおうと考えました。そのために、「下宿に切り替えたほうがよい5つの理由」というパワーポイントを作って、父親にプレゼンをするのだというのです。

▶子どもの伝えたい気持ちを受け止める

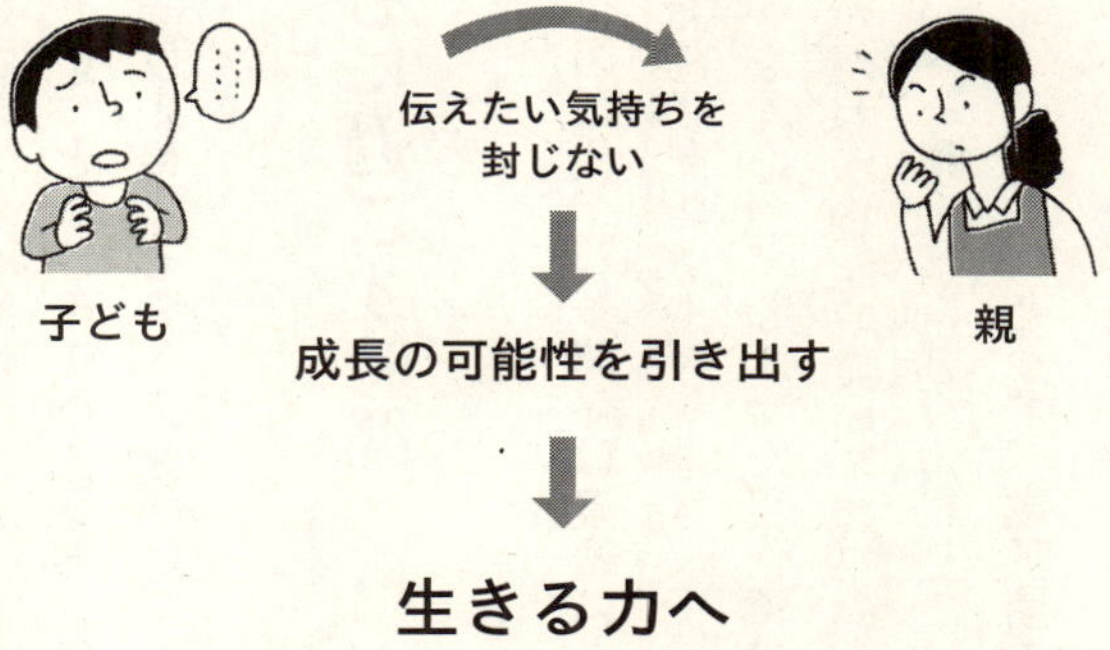

私はこれを聞いて、とてもいい話だと思いました。子どもが親にプレゼンをしようと思える関係だということがいい。言いたいことが言えているわけですから。

もし親御さんが、「自宅から通ったほうがよい10の理由」を並べて、論破してしまうようだとむずかしいでしょう。しかし、そんな親御さんなら、そもそも子どもは、プレゼンをしようとはしないと思います。子どもの「伝えたい」という思いを封じないことは本当に大事だと、改めて感じました。それは、子どもの成長の可能性を封じないことでもあるからです。

「伝えたい」というモチベーションは、生きる力につながります。それをしっかりと受け止める心のドアを開けておきたいものです。

ともに過ごす時間

少子化の時代、親子関係は濃密になり、親が子どもに及ぼす影響力は昔に比べて、はるかに増大しています。そのうえ、親子関係はこうあるべきだというお手本がなくなってしまった現代では、自分の思いをお互いにどう伝え合えばよいのかがわからないでいる親子が、少なくないのではないかと思われます。みんなが、それぞれに試行錯誤しているのです。

しかし、子どもにとって、成長期の親子関係はその後の長い人生における人間関係の原型となることを考えると、親は子どもにどう接すればよいかを、思い悩まずにはいられません。では、子どもに対するそうした思いを、どう伝えればよいのでしょうか？

私に今、正解はありません。これからも、考え、悩み続けていかなくてはならないと思います。ここでは、そのためのヒントになりそうな話をご紹介したいと思います。

小学生と中学生のお子さんが４人いるお母さんの話です。そのお母さんは月に一度、一人ずつ順番に、子どもと２人きりでファミリーレストランで食事をする日を設けているそうです。子どもたちは、その日だけはお母さんを独り占めして、何でも話せるのです。これは、とても嬉しいことでしょうね。

このお母さんは仕事もしています。おじいちゃん、おばあちゃんと同居しているので、大人の手は核家族よりも多いですが、それでも４人も子どもがいたら、毎日の生活はあわただしく過ぎていくばかりでしょう。普段、一人ひとりの子どもに向き合ってじっくり話をしたくても、なかなか時間がとれないことでしょう。でも、４カ月に一度ずつでもそんな特別な時間を作ることで、子どもたちそれぞれに「お母さんは私にじかに向き合おうとしてくれている」ということ、そしてなによりも、「あなたたち一人ひとりが大切なのよ」という気持ちがしっかりと伝わってきます。

それが伝わっていれば、食事の時間には他愛のないことばかり喋っていても、黙っていてもいいのです。「お母さんは今、この時間を私ひとりのために用意してくれている」、それだけでいいのです。

この時を共有する——親子が2人きりの時間《とき》を過ごす——ということが、なにものにも代えがたい、親から子への心のこもったメッセージのように思えます。

そのような心温まる時を親と過ごしたという実体験は、子どもに生きる喜びと力を与え、子どもの心に一生涯伝わる親子のきずなとなるに違いありません。

おわりに

「考える力」と「伝える力」――。これらは本来、学生が社会に旅立つ前に身につけるべき、最も重要なアカデミックスキルだと言えるでしょう。にもかかわらず、これらをどう鍛えればよいかという方法論は、学校ではあまり教えられていません。そのせいか、これらの能力は、いずれも生まれつきの才能のように誤解される傾向にあります。

しかし、「考える力」と「伝える力」は、どちらも意識的な訓練によって鍛えることができるのです。私はこのことを、長年の教育体験から確信するようになりました。その過程で考えてきたこと、実践してきたことをまとめたものが、前著の『東大物理学者が教える「考える力」の鍛え方』と本書になります。

「考える力」を鍛えるカギは、自ら課題を見つけ、解決に至るまで諦めない人間力にありました。

一方、「伝える力」を鍛える基本は、最初に話の幹を伝え、枝葉は可能なかぎり切り落とすということと、それを相手の立場に立って伝える工夫にあります。

また、本書では、人に動いてもらうためには、相手の話をよく聞くことが、伝えることと同じくらい重要であることを述べました。相手の話に耳を傾けることなくして、相手の心が動くことはありません。心が動かないと、実のある行動には結びつかないからです。

さらに、人に育ってもらうためには、人間心理のさまざまな側面を考慮しつつ、伝える工夫が必要になります。そのためには、何よりも自分自身が成長しなければなりません。

このように考えると、「考える力」と「伝える力」は、アカデミックスキルにとどまらず、人がよりよく生きていくための原動力であると言えるかもしれません。これらの「力」を鍛えるためのなんらかのヒントになれば、本書執筆の目的は十二分に達成されたと信じます。

上田正仁

著者紹介
上田正仁（うえだ　まさひと）
1963年、大阪市生まれ。東京大学大学院理学系研究科（物理学専攻）教授。専門は冷却原子気体の理論的研究、および量子情報・測定・情報熱力学。1988年、東京大学理学系研究科修士課程卒、博士（理学）。NTT基礎研究所研究員、広島大学工学部助教授、東京工業大学教授等を経て、2008年より現職。2012年、2013年に東京大学駒場キャンパスの教養課程で「基礎方程式とその意味を考える」を開講。大学に入学したばかりの1、2年生を対象にこれから進むべき指針となる「人生の基礎方程式」を説き、自由闊達に質問が飛び交う対話形式の講義は、大きな反響を呼んだ。この講義をベースに書き下ろした『東大物理学者が教える「考える力」の鍛え方』は、独創的なアイデアを生み出すヒントが満載の「考える」ための入門書として、単行本版・文庫版ともにロングセラーとなっている。

構成：斎藤真理子
本文イラスト：堀江篤史

この作品は、2015年2月にブックマン社より刊行されたものである。

PHP文庫　東大物理学者が教える「伝える力」の鍛え方

2018年3月15日　第1版第1刷

著　者　上田正仁
発行者　後藤淳一
発行所　株式会社PHP研究所
東京本部　〒135-8137 江東区豊洲5-6-52
第二制作部文庫課　☎03-3520-9617（編集）
普及部　☎03-3520-9630（販売）
京都本部　〒601-8411 京都市南区西九条北ノ内町11
PHP INTERFACE　https://www.php.co.jp/
組　版　有限会社エヴリ・シンク
印刷所　共同印刷株式会社
製本所　東京美術紙工協業組合

　ISBN978-4-569-76819-9